U0799753

从报纸到爆款

解码党媒融合路径

罗彦军◎主编

南方日报出版社
NANFANG DAILY PRESS
中国·广州

图书在版编目（CIP）数据

从报纸到爆款 ： 解码党媒融合路径 / 罗彦军编著. -- 广州 ： 南方日报出版社, 2020.6
ISBN 978-7-5491-2164-9

Ⅰ. ①从… Ⅱ. ①罗… Ⅲ. ①报社－新闻工作－研究－广东 Ⅳ. ①G219.246.5

中国版本图书馆 CIP 数据核字（2020）第 046278 号

CONG BAOZHI DAO BAOKUAN

从报纸到爆款——解码党媒融合路径

编　　著：罗彦军
出版发行：南方日报出版社
地　　址：广州市广州大道中 289 号
出 版 人：周山丹
责任编辑：李佳航
封面设计：肖晓文
责任技编：王　兰
责任校对：肖　颖
经　　销：全国新华书店
印　　刷：广州市岭美文化科技有限公司
开　　本：889mm×1194mm　1/32
印　　张：6
字　　数：180 千字
版　　次：2020 年 6 月第 1 版
印　　次：2020 年 6 月第 1 次印刷
定　　价：38.00 元

投稿热线：（020）87360640　读者热线：（020）87363865

目 录
CONTENTS

上篇：四周年特辑 · 内容之路

下篇：经典案例 · 创意发展

上篇：四周年特辑・内容之路

写在前面的话：
融合发展　南方+四周年

在《南方日报》创刊70周年之际，南方+客户端也迎来了自己的四周岁生日。

四年，1461天，能完成什么？南方报人用四年的努力，完成了6000万下载量，6000家南方号入驻单位，2019年度经营收入预计突破2亿元，全年发稿预计超90万条，直播超2000场。仅在2019年9月这一个月时间里，南方+移动产品矩阵访问量就超过20亿。在全国367家党报自有APP中，南方+客户端传播力居地方党报首位，是广东第一权威移动发布平台。

在成立四周年之际，南方+客户端6.0版本正式上线，党媒算法、智能推荐、VR直播……崭新的南方+将继续奋力唱响广东好声音，让正能量更强劲、主旋律更高昂。

南方+内容之路：用户为王，内容为核

□罗彦军

摘要：2015年12月25日，习近平在视察解放军报社时指出，媒体格局、舆论生态、受众对象、传播技术都在发生深刻变化，特别是互联网正在媒体领域催发一场前所未有的变革。读者在哪里，受众在哪里，宣传报道的触角就要伸向哪里，宣传思想工作的着力点和落脚点就要放在哪里。

总书记的讲话，表明互联网已成为宣传思想工作的主阵地。主流媒体只有对互联网用户进行有效传播，才能把握舆论宣传阵地的主动权。只有了解自己的用户是谁、喜欢什么，才能有针对性地进行内容生产。本文尝试以南方+成立四年来的探索为例，阐述主流媒体如何定位用户、吸引用户、留住用户，不断提升新闻舆论的传播力、引导力、影响力、公信力。

南方+全体工作人员荣获广东省五一劳动奖状

四年时间，对数百年的近代媒体发展史而言，只是弹指一挥。但对于南方+而言，却经历了从婴儿期到少年期的成长，并准备向青年期“发育”。这种时间维度上的鲜明对比，并不局限于媒体。随着互联网的发展，所有与其相关的产业都呈现空前的迭代速度。以往要数十年时间才能完成的更新换代，如今只需要几年。将南方+放在这种维度上观察，就不难理解其“发育”的速度，甚至巴不得其成长得快些，再快些。

作为南方报业传媒集团主办的新媒体拳头产品，南方+从出生之初就带有强烈的“内容”基因，并以此为内核驱动着客户端的快速迭代。从上线之初每天十几篇原创稿，到如今每天原创稿超200篇；从单一的图文稿件形态，到直播、新媒体产品线一应俱全；从手动录稿数百篇，到南方号每天供稿数千篇……值得注意的是，南方+内容的快速迭代，并非“我说你听”“自弹自唱”的产物，而是根据用户需求，有针对性地进行内容生产运营的结果。南方+的内容之路，是适应互联网发展的快速迭代之路，也是以用户为中心的媒体自我革新之路。

一、媒体转型有“三难”

媒体转型问题由来已久。移动互联网兴起之后，传统媒体的传播能力受到了极大的挑战。自2014年8月中央全面深化改革领导小组第四次会议审议通过《关于推动传统媒体和新兴媒体融合发展的指导意见》以来，中央和地方主流媒体在内容、渠道、平台、经营、管理等方面均加快推进媒体融合。从2014年开始，新闻客户端逐渐成为传统媒体转型的主要载体，到2015年更是达到一个高潮，南方+客户端便是于此时上线的。

据企鹅智库2018年调研报告，资讯类客户端自2016年开始连续三年均为用户获取资讯的主要来源，且一直呈现上升趋势。虽然社交网络同样占据资讯来源的重要渠道，但对于传统媒体而言，一个自主可控的客户端还是更加可靠，所以大多数媒体，特别是中央、省级媒体都选择了自建新闻客户端的路径。

然而，随着时间的推移，部分媒体类客户端也进入了关停并转的阶段。究其原因，还是缺乏互联网思维和相应体制机制改革作为支撑。众所周知，互联网思维最核心的要素就是以用户为中心。但是传统媒体长久以来习惯了“我说你听”的宣传套路，在转型的过程中面临着难以定位用户、难以吸引用户、难以留住用户的三大难题，陷入“自弹自唱”、无人问津的境地。因此，寻求媒体融合的路径，还是要从用户入手，解决以上的三个“难”。

二、南方+的探索

（一）定位自己才能定位用户

通常来讲，定位用户需要从其性别、兴趣、地域等维度入手，对用户进行画像。毋庸讳言，对大多数传统媒体主办的客户端而言，这是一项艰巨的课题，一来缺乏画像所需的用户数据，二来缺乏用户分析所需的技术手段。这项工作是不以人的主观意志为转移的，必须经过一定时间的用户数据搜集和分

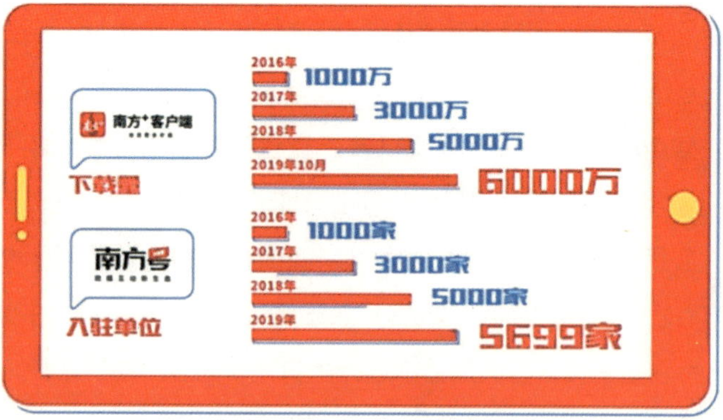

截至2019年10月，南方+累计下载量已超过6000万次

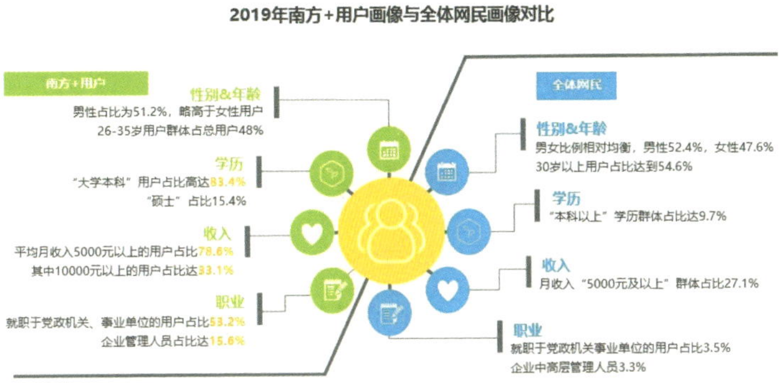

在全国367家党报自有APP中，南方+客户端传播力居地方党报首位，是广东第一权威移动发布平台

析。这就引出了第一个“难”：难以定位用户。但是，难以定位并不是不能定位。定位用户，首先要从定位自己开始。明确自身的定位之后，对用户才能有初步的认识，为下一步精确分析打下基础。

南方+上线之初的定位便是广东权威移动发布平台，由南方日报、南方杂志、南方网联袂打造。因此，党媒的基因从一开始便深植于南方+的血脉之中。围绕这一核心定位，南方+将用户圈层划分为核心用户、大众用户、垂直用户。其中，核心用户为党政机关决策层，大众用户为关心广东经济社会发展的民众，垂直用户为某个垂直领域或地域的关注者。三者相互交叉，形成南方+的用户基础。目前，南方+累计下载量已超过6000万次，对在粤及关注广东的用户形成了有效覆盖。与此同时，南方+也在积极探索大数据的开发。相信随着用户数据的积累和技术的开发，用户的画像会越来越精准。

南方+的爆款融媒体产品《VR全景看广东》

（二）服务用户才能吸引用户

初步确立三个圈层的用户后，如何吸引这些用户？作为一个内容驱动型的客户端，南方+吸引用户的主要资本还是优质的内容。不同用户对内容的需求是不同的，只有提供针对性的内容服务，才能产生吸引力。

1. 新媒体唱响主旋律，服务核心用户

南方+首先是一个党媒，或者叫“党端”。服务中心工作、唱响主旋律是其首要职责。履行好这一职责，就服务好了核心用户。从领导人活动到中心工作的报道解读，从人事动向到反腐行动，核心用户向来对高端政经内容有较大需求。这一部分的用户由《南方日报》的核心读者发展而来，对《南方日报》

的权威报道有较高信任度。与此同时，由于阅读的介质已经由报纸转移至移动端，所以对内容的呈现也提出了新的要求。一方面，要围绕中心服务大局，确保正确的舆论导向，这是最根本的要求，不能为了追求眼球效应而偏离正轨；另一方面，要在吃透有关精神的前提下，创新文本表达方式和产品表现形式，使主流报道适于移动端传播。

为做好对核心用户的服务，南方+自上线以来一直致力于守正创新，用新媒体手段唱响主旋律，运用短视频、H5、直播等形式让主流报道“活起来”。在十九大、两会、国庆70周年等重大节点，南方+先后推出《新四大发明》《直播答题解读政府工作报告》《VR全景看广东》等爆款融媒体产品及《壮丽70年·奋斗新时代——广东日记》《70秒云上瞰广东》等全媒体系列报道；针对高压反腐的态势，南方+与赵杨名记工作室推出《武松来了》系列短视频，每季全网流量均破亿；为做好主题教育宣传报道，南方+连续追踪快递小哥、环卫工人等平凡岗位的工作者，记录其不忘初心的一举一动……以上的报道，凭借其精准的“翻译”和生动的表达，让主流新闻不仅服务于核心用户，更飞入寻常百姓家，成为大众喜闻乐见的新闻产品。

2. 内容“多快新近实”，服务大众用户

南方+是一个新闻客户端，依托南方报业的优质内容生产能力而生；同时，通过“南方号”平台的搭建，引入了6000家政务媒体的优质内容，形成丰富的内容池。在“移动优先”理念的驱动下，南方+将原创生产与开放生产有机结合起来，按照“多快新近实”的原则，努力构建具有南方特色的内容池。

首先，移动互联网时代，大众用户对内容的需求是海量的，而且对时效性要求极高。但是对大多数传统媒体而言，每天数百条原创稿已是生产的上限，这远远无法满足用户的需求，遑论智能推荐所需的海量稿库。所以传统媒体一方面要提升自己的生产能力，另一方面要善于借助外力。依托“融媒体中心”的构建，南方+已经基本理顺了“策、采、编、发”的移动发稿流程，加上全媒体考评机制的激励，“先端后报”已经成为采编人员的共识。目前原创发稿数量是上线之初的十倍，十万+、百万+乃至千万+流量的爆款稿件也时有出现，如《广东公安深圳练兵！直升机、武装车都出动了》点击量773万、《有一种爱国叫曾宪梓，这位爱国企业家慈善家走了》点击量247万……与此同时，南方号月均发稿超过4.5万条，由于其发布主体权威，覆盖广东各地市及垂直系统，而且内容、角度、品质与南方报业作为专业媒体生产有明显不同，形成良好的互补。此外，通过融媒体中心的中央稿库，及时抓取合规来源的全网热点。原创稿、南方号、全网热点，三者有机结合之后，为用户提供了丰富且及时的新闻资讯。

其次，移动端为内容的呈现形式提供了更多的可能性，因为受众的需求是多样化的，必须不断创新才能保持“新鲜感”。南方+以直播广东和新媒体实验室为两大抓手，依托报网端音视频部，持续推出创新产品。从常规图文直播到视频直播再到VR直播，直播广东平台目前每年直播场次超1500场，实现了年均50%的增幅，涌现出流量超700万的超强台风“山竹”登陆倒计时直播、虚拟演播室联线现场的南沙大桥通车直播、“4K超高清视频拍摄+5G（第五代移动通信技术）信号传输”的世界超高清视频产业发展大会直播以及360度无死角的《丹霞山峭壁环卫工》VR直播。从MG动画到3D动画再到全息动画，新媒体实验室持续在“高精尖”产品上攻关，先后推出《来了就是广东人》平面动画、《你看！广东有本会动的书，讲述世界的“一带一路”》逐帧动画、《壮丽70年的广东答卷》全息动画等兼容“技术+美学+灵感”的融媒体产品，持续给用户视觉和创意上的冲击。

再次，当下互联网的“内容”已非“新闻”专属，用户除了关注时事资讯之外，对于发生在自己身边的街头见闻、健康美食等实用资讯，也有极大的关注度。从某种程度上来说，这些“软内容”甚至比“硬新闻”更容易形成黏性。因此，南方+除了新闻频道之外，还开设健康、娱乐、美食等垂直频道，以及“每日一膳”“酷医点”等南方号，力争为用户提供多样化的内容选择。

值得注意的是，虽然移动传播呈现碎片化，日常动态报道主打“短平快”，但是高质量的精品报道却始终占据着传播的制高点。在第二个中国医师节前夕，南方日报、南方+推出《背篓医生》全媒体报道。该报道由总编辑带队赴云南怒江采访，深入报道从珠海市金湾区三灶医院到此处扶贫支援的医生管延萍。“背着装满医疗设备、药品的背篓，攀悬崖、过峭壁、渡怒江，将散落在深山峡谷的46个村组来回走了6轮……”这些生动的细节，展现了为人医者的纯粹、主人公的良善与“做人的道义”。报道以视频、图文的形式在报端展示，推出后引发刷屏效应，展现了精品报道在移动传播中的独特优势。

南方+自上线以来一直致力于守正创新，用新媒体手段唱响主旋律，运用短视频、H5、直播等形式让主流报道“活起来”。这是其直播答题H5产品

3. 深耕垂直领域，服务垂直用户

南方+是一个“广东端”，依托南方报业特别是南方日报常年的积累，在全省都有深厚的基础。目前，南方+的共建频道已超200个，覆盖各地市（区县镇街）、各垂直系统（厅局、高校）。通过这些共建频道，南方+扎根基层，深耕垂直领域，服务垂直用户，也进一步丰富了客户端的内容。

在地市层面，南方+依托南方日报各记者站对频道进行运营。由于记者站常年深耕基层，对当地情况十分熟悉，因此挖掘出来的新闻都是接地气的“活鱼”。某些新闻可能在全

南方+360度无死角的《丹霞山峭壁环卫工》VR直播

省层面不算重大新闻，但是在当地却可能引发强烈反响，甚至成为垂直地域的爆款，比如《擅给“老赖”发分红，村主任被拘留，南方+直击禅城法院执行现场》的直播稿件，单稿流量超百万；某些内容可能不是传统意义上的“硬新闻”，但是由于记者运营得力，也能成为爆款，比如“东莞十大最美铁骑手”“十大最强铁骑大队”评选，系列活动稿件总流量近千万。

在垂直领域层面，依托跑线记者的业务基础，南方+开设了粤港澳大湾区、金融发布厅、应急管理发布厅等垂直频道；《南方》杂志、南方农村报等集团媒体，也根据自身特性，开设了党建、乡村振兴等频道。这些频道同样由各部门、各单位自行运营，在权威信息发布、专业信息解读等方面发挥了重要作用，如《粤港澳大湾区发展规划纲要》的发布，就获得了366万的流量。

以上三种用户并非相互割裂，而是交叉存在的。这也对南方+的内容建设提出了更高要求，要将重要性、时效性、可读性三者有机结合，方能满足不同用户的综合需求。

（三）场景思维才能留住用户

酒香也怕巷子深。有了好的内容，还要能够将内容送到用户手上、留住用户，才能形成传播的闭环，这也是媒体转型过程中最大的短板。与今日头条等拥有技术基因的智能分发平台相比，大部分媒体不论是技术还是用户量均有相当距离。要连接用户、留住用户，还是要借助场景思维，通过“线上全媒体，线下多场景”的方式，发挥媒体特长。

所谓场景思维，就是在某个实际的、具体的情境下，去思考产品如何满足用户需求的思维。场景思维是产品经理必须具备的思维。也就是说，我们的采编人员，要想连接用户，首先要让自己成为一名产品经理，而不只是内容的生产者。

那么，适用于内容生产的场景思维是什么呢？传统媒体时代的阅读场景相对简单，读者出于了解信息的需求，从报摊购买一份报纸，选择一个相对固定的场所进行阅读。在这个场景里，读者的目的很明确，而且一般不会受到其他信息源的干扰。但是在移动互联网时代，只要有手机和网络，用户就可以随时随地获取信息，而且获取信息的渠道非常多元，新闻客户端只是诸多选择中的一项。这种情况下，要让用户阅读某个媒体所提供的信息，场景可能有若干个。一是这个信息只有该媒体能提供，而且用户对这个信息感兴趣；二是可以提供用户所需的服务，用户在使用服务的同时顺带阅读信息；三是用户为了达到某个目的必须使用某个平台，在此过程中平台向他推荐有意思的内容。

第一个场景，就是符合用户兴趣的独家新闻，但是现实是新闻同质化越来越严重，而且随着自媒体的发展，人人都有麦克风，专业媒体获取独家新闻的可能性越来越小，所以该场景出现的概率不高。第二个场景，就是在一些工具类应用上时常可以看到的资讯，比如导航软件上提供交通信息、天气软件上提供出游信息等，即所谓的“跨界”。反过来，新闻媒体也可以提供一些服务，顺带“推荐”自己的资讯，前提是媒体要成为用户使用该服务的唯一入口或主入口，而不仅仅是“过道”。第三个场景，常见于一些投票、征集类的运营活动，媒体可将自身的优势资源与互联网运营方式相结合，连接资源与用户，实现立体传播，并以此为入口为其他优质内容导流。

从南方+的实践来看，单一的场景是难以发挥特长、满足需求的，“线上全媒体，线下多场景”才是自身的优势所在。以南方报业的“向上突围”融媒体报道活动为例。该项目聚焦营商环境、高质量发展、企业家精神三大主题，全景展现了广东“向上突围”的壮阔行动。先后推出“实体经济十条”“外资十条”全媒体传播、“广东企示”高质量发展方程式、重塑营商环境深调研、“创新加速度”对话CEO、2018广东企业家精

南方+推出的《来了就是广东人》公益活动

神社会征集、“来了就是广东人”公益推广活动、“我是洋老广”全媒体传播、“广东质造”标杆企业案例库等十大组团新闻产品。相关深调研产品得到广东省委、省政府主要领导的高度评价，新媒体产品全网点击量突破1亿人次。作为“来了就是广东人”公益推广活动的“重头戏”，南方日报、南方+客户端和广州地铁集团携手打造了一列主题列车，展示前期征集的1万多条“新广东人”留言中的精选内容。

又如佛山大沥的“党群通”项目，这是党群志愿服务场景的呈现。大沥“党群通”的唯一入口在南方+大沥频道，面向大沥约150个基层党组织、1.1万名党员和数十万群众开放使用，将推动实现“党员进家门、听呼声、解难题、暖民心”。数据显示，试运营的4个月里，已有超1/3的党组织发布300多个任务，近万人次通过“党群通”认领任务并反馈完成情况。

与此同时，运用投票拉动用户参与，已经成为提升南方+日活跃用户的重要运营手段。比如“寻找深圳最美教师”系列点赞活动囊括深圳9个区90余名校长、名师，共收获5000余评论、超500万流量；广东高校“我最喜爱的思政课教师”评选线上展示活动点击量超113万次，点赞数超83万个，留言数超1万条30万字。这些高流量的运营活动除了吸引用户参与之外，也可成为端内其他优质内容的入口，实现导流。

此外，南方+推出党费缴纳功能，因为其权威性、便利性受到广泛欢迎，在为党员干部等核心人群提供服务的同时，也将其发展为用户，这也是场景思维的一种体现。

南方+直播产品合集

三、未来发展思考

一路走来，南方+可谓经历了一次集团内的“创业”。其间有不少考验，也取得了一些成绩，但是逆水行舟，不进则退。在媒体融合飞速发展的当下，远远没有到停步观望的时候。在南方+成立四周年之际，回头盘点过往的历程，是为了更好地再出发。

媒体转型有“三难”，南方+的探索，其实只是迈出了一小步。特别是随着5G时代的到来，媒体将面临巨大的挑战。《5G：一项深刻改变传播与社会的革命性技术》一文指出，一方面，社会的主流表达和交流方式或将被视频语言取代，无论是主流价值观的传播还是在社会沟通中形成共识，都有很多问题要解决；另一方面，参与传播的内容主体将发生重要改变。借助5G技术，万物互联将成为现实，通过传感器产生的内容，即技术生产内容，将使内容生产的主体更加多样化。诸如此类的预测，还有很多很多。根据近年来技术迭代的速度，这些现在看起来还遥不可及的东西，很可能在不远的未来就会成为现实。这对于媒体来说，既是挑战，也是机遇。传播的游戏规则将出现重大变化。我们要敢于拥抱未来，在不断提升内容生产能力的同时，将内容生产的优势与前沿技术结合起来，使传播更加智能化，在未来的传播格局中争取不可替代的一席之地。

（作者时任南方+客户端副总编辑、首席内容官）

融合四年，如何读懂内容团队的数字密码

□纪蓓

摘要：从2014年中央全面深化改革领导小组第四次会议审议通过《关于推动传统媒体和新兴媒体融合发展的指导意见》到2019年习近平总书记的“1•25”讲话——媒体融合，已经推进了五个年头。五年来，全国各级党媒坚持“移动优先”，以“融为一体、合而为一”为目标，传播力、引导力、影响力、公信力不断提升。

媒体融合的根本是内容建设，而内容建设的驱动是团队建设。本文以南方+内容团队的建设历程，探析全媒体时代，内容团队如何实现融合质变。

2015年，在上线前期，南方+内容团队筹备小组前往北京、上海、杭州等地党媒客户端调研。

彼时距《关于推动传统媒体和新兴媒体融合发展的指导意见》出台刚过半年，全国各级党媒积极贯彻落实传统媒体和新兴媒体融合发展战略，大力发展新媒体事业。

在调研中，我们发现，大部分党媒创办的客户端内容团队都在苦恼于人才队伍的建设和原创内容的来源。面对商业客户端海量信息，如何以有限的人才队伍保证主流价值的内容供给？

习近平总书记指出，“推动传统媒体和新兴媒体融合发展，要遵循新闻传播规律和新兴媒体发展规律，强化互联网思维，坚持传统媒体和新兴媒体优势互补、一体发展”。自建新媒体记者团队，面临着人力的重复建设和资源的浪费，同时也存在较长的培养期。利用现有纸媒记者团队，鼓励参与新媒体生产，无疑是人力资源配置的合理路径。

四年来，南方+内容团队和集团纸媒采编团队从相加到相融：通过新媒体岗位优化配置，搭建适应新媒体发展的人才团队矩阵；依托集团南方名记者培育工程和全媒体编辑部，有效整合和提升传统媒体和新兴媒体采编资源；通过鼓励开放生产，持续扩大内容生产朋友圈；通过建立科学合理的考评体系，孵化培育成长型内容团队。一个稳定且持续优化的团队建设生态正在加速形成。

内容团队摄像师正在为制作新媒体产品拍摄画面

一、从11到50：一个新媒体内容“小白”团队的成长之路

2015年南方+刚上线时，内容生产主要依靠自建的内容团队。那时，内容团队仅有11人，岗位仅有编辑岗，日常负责的工作主要是内容原创和转载。受人力数量和岗位性质限制，由编辑原创的稿件数量少，且题材多为整合型稿件；集团各纸媒采编团队能提供的先端后报原创类稿件每天仅有20条，南方+的内容表现形式显得较为单一。

打铁还须自身硬。

南方+顺势而动、顺势而为，紧跟新媒体发展新形势，抢抓内容创新风口，谋划工作重点，科学合理规划岗位设置，完

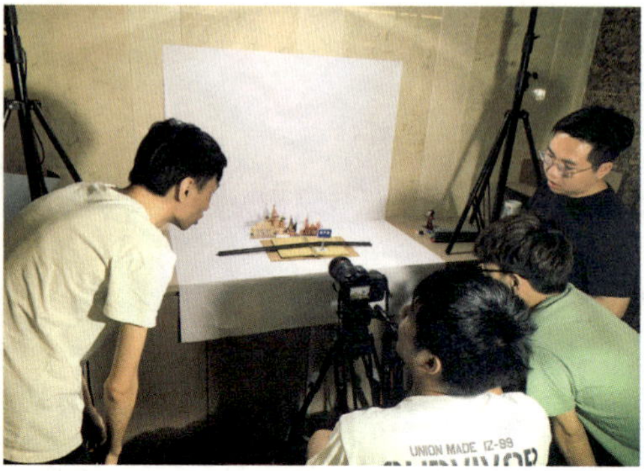

为制作逐帧动画，内容团队自己采购物料搭建场景进行拍摄

善内容团队人才矩阵。

南方+内容团队的建设主要分为两个方向：一是增设创意产品专业技术岗位；二是有效细分编辑类岗位。

为加强新媒体产品创意生产，南方+在内容运营中心组建“新媒体实验室”，设置动画工程师、平面设计师、H5设计师、编导、摄影摄像师等创意产品专业技术岗位。与传统采编岗位不同，新设置的岗位更强调对三维动画、AE、PR、AU、FinalCut、Premiere等技能的熟练程度，对H5平台的运用程度。

创意产品专业技术岗位的增设为创意产品生产插上了创新驱动的技术内核，让新媒体产品有了“技术+美学+灵感”。发展至今，新媒体实验室已是一支拥有20余名各怀“武艺”的新媒体突击队，成为创意生产的重要实现力量。

为抢抓直播风口，南方+在内容运营中心组建“直播广东”团队，设置导播这一编辑类细分岗位。现如今，直播广东已成为纸媒记者参与新媒体生产的重要平台，而导播编辑承担了系统后台调度、直播内容运营等工作，成为记者和新媒体技术平台对接的重要桥梁。

为做好开放生产和社交媒体运营，南方+在内容运营中心设置了南方号运营编辑、两微运营编辑、第三方分发运营编辑等编辑类细分岗位，有效提升了南方号运营水平，扩大了南方+第三方分发渠道和能力。

细分的编辑类岗位，打破了传统编辑岗位的有限性，注重内容生产也注重内容运营，强调原创生产也强调借力发力，成为内容生产传播全流程黏合剂。

四年来，南方+内容团队的自身建设不断优化、跑步前进：从2015年的11人，一条原创新闻产品线，到现在的50人，覆盖原创新闻、新媒体实验室、直播广东、南方号、两微运营、第三方分发等六条产品线。通过前瞻规划为岗位赋能，南方+的内容团队积攒了新动能，打开了新局面，为内容业态的融合转换、内容生产的融合质变奠定了扎实的人力基础。

二、从50到2000：南方名记者和全媒体编辑部刮起了新媒体生产旋风

在练好“内功”的同时，内容团队如何连接集团2000多名纸媒记者，释放强大的生产力？

第一个突破口出现在南方报业实施的南方名记者培育工程。2016年，集团面向2000多名采编人员遴选出15位记者，作为首批“南方名记者”培育对象，15位记者平均年龄34岁。集团为15位记者成立名记者工作室，量身打造个性化培育方案，其中重中之重的培育方向，就是在南方+客户端等新媒体平台推出全新节目、栏目。

15位名记者成为报端第一批内容融合尖兵。

南方+新媒体实验室与南方名记者培育工程，通过共同策划

由南方名记者牵头打造的一系列品牌栏目

创作创意新媒体产品，迅速产生“化学反应”。

名记者们利用多年积累的工作经验、新闻资源，突破了传统媒体版面的限制、形式的限制，在新媒体平台收获了无限的表现空间。

在初始的探索期内，新媒体实验室抓住2017年全国两会重要节点，与名记者工作室合作推出4期《武松来了》反腐视频、4期《两会TALKS》政经脱口秀、5期《南方名记跑两会》、4期《风云对话》等，传播手段和表现形式上了一个新台阶。

有了好的开始，随后的新媒体生产，尽显蓬勃之势。在接下来的2017年党的十九大，2018年全国两会、省党代会、改革开放40周年，2019年国庆70周年等重大时间节点，名记者工作室与南方+一手抓创意一手抓生产，合作推出的融媒体产品覆盖MV、神曲、H5、小游戏、短视频、脱口秀、系列视频栏目、一图读懂等多种表现形式，用主流作品抢占创意传播风口，传播量级实现百万、千万、亿级三连跳。

第二个突破口出现在2017年初开始的报端采编轮岗。为进一步推动深度融合、全面转型，集团不断强化报端采编联动机制，南方日报经济、要闻、机动部先后安排采编人员到南方+轮岗，珠三角全媒体工作室更是全员进驻南方+办公。

轮岗机制有力带动和统筹了各部门各记者站的新媒体内容生产，让纸媒采编人员认识、接受、融入新媒体生产运营生态，并推动报端形成四大全媒体编辑部。现如今，除南方+内容运营中心外，南方日报要闻编辑部、珠三角新闻部编辑工作室、地方新闻部编辑工作室已全员转型为全媒体编辑部。由此，南方日报的三大编辑部成为南方+内容运营中心重要的融合生产伙伴，为南方+频道共建、深度运营攒住了“人气”。

南方名记者和全媒体编辑部的示范带动作用，在全集团掀起了加入新媒体生产的热潮。

“到南方+去”，成为集团采编人员的一种工作常态。在南方+的办公场地，南方日报前来和南方+新媒体小编进行“头脑风暴”的采编人员随处可见，写创意文案、谱写MV曲、搭拍摄背景、做表演道具，他们既干得了，又干得好。

“这里是我端”，成为集团采编人员的一种心理认同。从原来大家口中的“贵端”到现在口中的“我端”，传统媒体和新兴媒体的内容团队真正走向了“你就是我、我就是你”，南方+内容团队的壮大迈出了坚实的一步。

以融合生产为路径，通过连接集团南方名记者培育工程、全媒体编辑部，整合报刊网端新媒体生产能力和分发能力，南方+日均原创稿件量由最初的20条增加到现在的250条，新媒体产品日均产出2件，直播产品日均产出5件。

通过做好生产力融合这道加法题，南方+的内容生产力量早已突破原有架构，变成了“1+N”多兵种作战的集团军。依托集团核心生产资源，南方+在广东人事、反腐、政策发布方面掌握首发权，在议题设置方面具有权威性，在创意产品生产方面具有创新性，进一步奠定了广东权威移动发布平台的定位。

三、25和4：根深干粗的南方+有了50%的发稿量增长

经过四年的团队融合，南方+内容团队和集团各媒体采编人员，特别是南方日报采编人员，已成为新媒体生产的超级军团。南方报业移动优先战略已成效显现，到2018年，南方+全年发稿量已达67万条。

在新的起点上，如何通过体制机制创新，在关键环节和关键位置谋划改革，从而引领全局性系统性创新？

根深干粗的树必长势最好。

集团党委从纵向和横向给予新媒体生产更多养分。

从纵向来说，为强化南方+内容团队的“管建水平”，2019年初，集团党委成立南方+编委会，加强把关流程管理，优化内容产品黏性，强化版权保护与培训，以此进一步促进各部门全

媒体转型。南方+内容团队的根扎得更深了。

南方+编委会是又一支内容建设的融合生力军。

编委会25名成员来自南方日报、南方杂志、南方+、南方农村报、南方都市报等单位20余个采编部门。这些采编骨干在导向把关、政经报道、国际报道、党建报道、文化体育报道、突发报道等领域有着丰富的工作经验，这对员工平均年龄只有28岁，组建仅仅四年的南方+内容团队意味着，将能统筹调动更多优质资源，策划催生更多内容精品。

编委会一成立，就制定修订了南方+导向管理制度、南方号三审制度、内容和直播运营规范等一系列内容管理制度，调研提出《关于规范和优化新媒体人事报道的方案》《南方+城事频

2019年广东政务新媒体论坛暨南方号运营者大会上，南方号运营者优秀代表分享运营秘诀

道“推荐上首页”机制》《关于南方+客户端新闻推送的问题及建议》等多项工作优化方案，全面梳理工作机制，树立工作标尺，强融合促转型。

从横向来说，集团党委还成立了报网端音视频部、报网端产品研发中心、报网端版权工作部、报网端理论评论部等四大融合虚拟部门，在音视频生产、内容智能化生产、内容版权保护、理论评论建设等更细分的内容建设领域，南方+又有了新伙伴；集团融媒体中心完成建设，报网端内容团队实现物理空间的打通，南方+迎来了新气象，内容团队的树干长得更壮了。

得益于内容团队的扩容提质，2019年上半年，南方+内容产品表现形式和产能得到进一步扩大——

2019年上半年，南方+发稿40万篇，同比增长50%，涌现出41个百万+、99个50万+、581个10万+的融媒体报道。南方+传播力、引导力、影响力、公信力稳步提升。

四、从0到6000+：开放生产团队让我们收获速度、数量、质量

南方+内容团队的融合壮大包括两个维度：

对内是上述提到的与集团各传统媒体采编团队从相加到相融；对外则是以“传媒+”整合人才、整合渠道、整合资源，打造开放生产的平台。

南方号小编是南方+开放生产团队的主力军。南方+于2016年10月上线的南方号，现已成为广东规模最大的政务新媒体聚合平台，吸纳全省6000余家政务发布号入驻，聚集了6000多名

50名广州市出租车司机接过“南方拍客”聘书，身上多了一个任务：我是一名南方拍客！

政务新媒体小编。对传统媒体来说，拥有几百人的通讯员队伍规模已是非常庞大，而在新的传播格局下，6000多名政务新媒体小编组成了南方+新的开放生产队伍。依托这支队伍，南方号平台月均稿件发布量超过4.5万条，月均阅读量超过6500万，成为南方+重要的稿件来源，在移动互联网上初步构建起旗帜鲜明、队伍齐整的广东舆论主阵地。

南方拍客是在短视频风口下，南方+拓展的另一支开放生产团队。除了通过“小南报料”“南方拍客看广东”“路边摄”三个平台向全社会广泛征集拍客外，南方+还致力于深挖垂直行业，组建稳定的拍客队伍，以点带面，推进供给侧结构性改革。2019年8月，南方拍客首场聘任活动举办，50名广州市出租车司机接过“南方拍客”聘书。广州市出租汽车协会秘书长麦炳成表示，广州“的哥”“的姐”长期活跃在城市中，与不同人群广泛接触，是很多突发事件的第一见证者，十分适合担任拍客，也乐于在南方+这样的优质平台发布见闻，成为唱响主旋律的一分子。接下来，南方+还将联手快递小哥、志愿者、大学生等群体，进一步拓展南方拍客队伍。得益于拍客团队的扩大，南方+“小南报料”平台每月收到350条以上线索、作品，有效提升了南方+民生新闻的速度、数量、质量。

五、不唯数字论精品：用考评推动成长型团队的形成

党媒的内容团队建设，不能仅仅满足于出一两个“爆款”，而是要锻造出一支具有成长性的团队，用源源不断的精品力作说话。

内容团队的成长性建设，考评机制是重要支撑。在新媒体时代，如何通过考评机制的完善，来树立工作导向，引导团队持续做精品出爆款？

目前，南方日报为形成有效的激励机制，引导并激发全员创造性地完成各项工作特别是全媒体产品策划、采写、制作、推广，促进报网端深度融合，早已将在报网端等发布端刊播的、由南方日报采编人员所生产的内容产品纳入全媒体考评范畴。

对于南方+自身内容团队的考核，和所有新媒体考核方式一

样，兼顾质和量，但又自有特色。在初期，为简化考核流程，我们期望通过技术手段，实现对考核的纯技术化处理，提高考核效率。但这就会遇到两个难点：一是对于一些自带流量的人事、反腐等快讯稿件，不能唯流量来决定稿件价值；二是对于一些唱响主旋律、传播正能量的原创稿件，在点击量上虽无法与一些社会热点新闻相比，但却有不可替代的新闻价值。

在多番调研、考量之下，最终决定对自身内容团队的考核采用一人一张表、每月评等级的方式。

一张表，指的是每人每月提交一张考核表。考核表不仅涵盖了发稿量、流量等数量指标，考核人还须填写主导策划原创产品的质量及创意表现；通过综合运营所取得的传播效果等质量指标，避免唯流量论，鼓励创作更多吸引人、感染人、影响人的主流思想产品。

评星级，指的是评选作品星级。南方+为内容团队设置了流量之星、运营稿件之星、直播之星、创意产品之星等星级标准，通过每月评审，给予奖励。这种考核方式，不仅给编辑带来绩效的科学评估，更为重要的作用是，树立精品的价值引领。

对于规模庞大的开放生产团队，南方+以奖励为主。

对南方号小编团队，南方+通过推出南方号影响力排行榜、我要上首页、南方号爆款大赛、南方号优选计划等奖励激励手段，提升小编参与开放生产的积极性。以南方号优选计划为例，南方+每月固定评选“优选稿件”50篇，评选“优选南方号”10个，进行奖励。此外，每月还设置“同题作文”和“推广策划”两类机动奖项，对参与单位进行普遍性奖励。对南方拍客团队，南方+除了发放报料费，每月还开展金牌拍客评选，给予额外奖励。

通过对内评“星级”，对外推“优选”等考评方式，内容生产团队、开放生产团队形成了出精品、出爆款的工作氛围，团队的生产力水平更上一个新台阶。

结语

五年前，《关于推动传统媒体和新兴媒体融合发展的指导意见》吹响了媒体融合的集结号。

紧抓机遇、迎面挑战。内容的建设关键在人，核心靠人。四年来，面对信息的“无处不在”“无所不及”，南方报业坚持一体化的发展方向，以人才优势赢得发展优势，善用“无人不用”催化融合质变：通过创新体制机制，再造生产平台，推动实现了内容生产力在南方+上的有效整合，进一步放大一体效能。

媒体融合正向纵深发展，融合中的内容团队将面临着5G应用、人工智能等更多挑战，这是一场必须打赢的战役。以“四力”实践，磨炼“南方铁军”，我们牢记使命任务，坚持守正创新，砥砺奋进在路上。

（作者系南方+客户端编委、行政中心总监）

传统媒体“场景化阅读”理论在新媒体平台的实践

□王勇幸

摘要：在移动互联时代，大量的内容单纯靠“劳动密集型”的编辑手工推荐显然无法完成，需要借力大数据技术、用户生产内容平台的赋能。本文试就传统媒体关于“阅读场景”的经验如何进化，从而介入新媒体内容管理运营后台、大数据技术和AI（人工智能）技术，以及如何借助传播效果分析来进行“阅读场景”的建设予以探讨。

南方+客户端首页

传统媒体时代，用户接触新闻的方式可以归类为：在特定的场景下，通过特定的渠道阅读新闻。编辑所做的工作可以归类为：根据用户接触新闻的场景差异，通过编辑手段展现不同的新闻内容。

对传统媒体而言，新闻的载体就意味着不同的新闻场景。如早上出刊的报纸，对应的阅读场景是用户吃早餐看订报，或上班路上买一份报纸，浏览当天重要新闻。又如晚上7点的电视新闻节目，对应的是用户在家看电视新闻节目。

在这些不同的新闻阅读场景中，用户主观上对不同类型的新闻阅读的需求存在较大的差异，如上班前会关注政策动向、经济走势，晚上则会更追求可读性。

这些显而易见的差别，在移动互联时代，很快为媒体内容生产者所掌握，如各大客户端都有的“新闻早班车”“夜读”等，均是此类的典型代表。

除了来自传统媒体的用户阅读场景经验外，在移动互联时代，还需要将“用户生产内容”针对细化的移动互联市场的阅读场景进行推荐，这一工作，单纯靠“劳动密集型”的编辑手工推荐显然无法完成，需要借力大数据技术、用户生产内容平台的赋能。内容生产者的传统媒体经验，对技术工作的推进也大有裨益。

同时，过往的内容管理运营后台缺乏新闻产品的网络传播效果评估体系，原有评估方式不能适应网络传播格局的新变化，特别是随着移动媒体和社交媒体的崛起。融合发展对新闻产品在网络空间传播的量化评估提出了新的需求。为此，南方+建立了一套“网络传播效果评估系统”，该系统尝试直观反映具体稿件的网络阅读率，具体新媒体产品的用户关注程度，以量化方式提供传播效果评估，有助于提升媒体融合中的采编策划管理水平。这套传播效果评估系统，也在做好场景化阅读方面起到较明显的作用。

一、场景化创新的内生动力：海量内容带来内容运营新挑战

在移动互联时代，新闻内容生产者向平台运营商转型，吸引越来越多的“用户生产内容”进驻新闻平台。

以南方报业举全集团之力打造的南方+客户端为例。2016年10月，南方+推出广东权威新媒体发布平台——南方号。南方号旨在聚合全省党政机关政务新媒体以及社会团体、高等院校、主流媒体的官方发布新媒体资源，为用户打造一个“最懂广东”的新媒体平台。目前，南方号已在全省21个地市和系统实现了政务新媒体集体入驻。截至2019年10月，南方号入驻单位超过6000家。这6000家入驻的政务新媒体单位，为南方+客户端带来了源源不断的新闻内容，发稿量占南方+总发稿量的七成以上。

新的生产力，需要有新的生产关系与之适应。显然，过往传统媒体时代的阅读场景概念在移动互联时代仍不过时，但如果纯粹按传统媒体时代的编辑“手工作坊”式的推荐机制，适

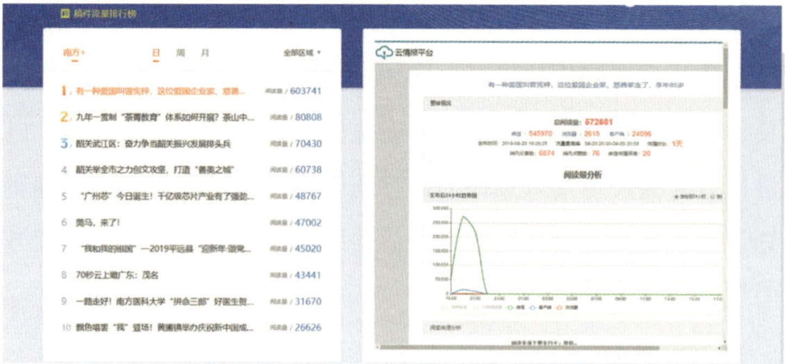

文章发布后24小时阅读量分析

合个别用户的特定阅读场景的内容会完全为海量信息所掩盖，无法完成点对点投放。海量内容对场景化阅读提出了新的挑战，需要依靠技术的进步和体制机制的优化加以应对。

二、场景化运营的技术支撑：“端相”维护需要适应海量内容的后台

在新媒体时代，传统发稿平台的稿库功能显然已不能满足编辑人员选用稿件的需求。从最简单的选稿角度出发，有两个问题需要迫切解决：

问题一：从选材的角度出发，编辑如何从海量的稿件中选择适合运营的稿件。

问题二：从吸引用户的角度出发，编辑如何从合适题材的稿件中发掘用户更感兴趣的内容。

选稿的这两个问题是一个硬币的两面，一面是编辑的镜像，编辑怎样选稿符合频道、栏目的定位；另一个是读者的映像，怎样及时准确抓住读者的兴趣，把读者关注度更高的内容更好地展现给他们。

回到“阅读场景”建设的话题上，这个“硬币”的两面需要构建客户端的阅读情景，我们可以把这种情景称为“端相”，“端相”需要与用户身境（或心境）所处的阅读场景形成较高的契合度，用户的新闻阅读动作才有更好的持续性效果。

一般说到“端相”或阅读场景，更容易想到的是客户端的UI（用户界面）设计、稿件的展现形式、内容排布罗列的逻辑

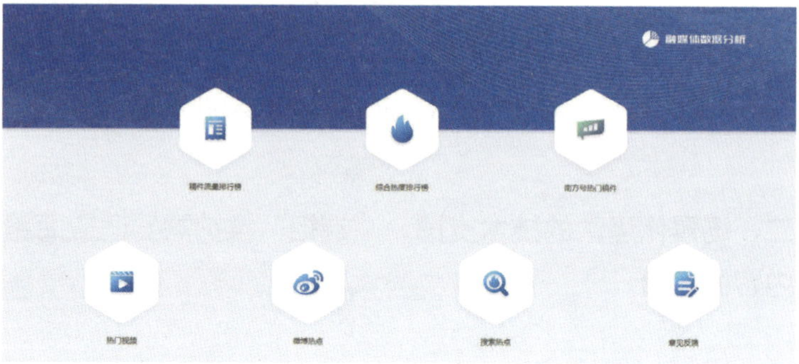

融媒体数据分析指标和工具

等，这些确实是“端相”。但这些外在的“端相”背后，需要一整套内容管理、运营平台的支撑。诚如前文所述，作为一个沉淀了海量内容的新闻客户端，不可能完全靠人手来完成所有的UI、展现、排布工作，计算机的辅助能力显得尤为重要。

在众多对内容运营形成支撑的技术手段中，针对上面两大问题介绍两个支撑起“端相”的项目。

（一）从初筛的角度出发，建设“备选库”功能

“备选库”解决的是第一个问题：从选材的角度出发，编辑怎样从海量的稿件中选择适合运营的稿件。南方+内容管理后台，每个频道、栏目均可配置“备选库”，“备选库”的稿件由技术手段选稿进入，方便编辑、运营人员进一步选稿，备选库的稿件主要由两方面的内容构成。

一是根据频道、栏目已有内容进行分析、机器学习，AI学习编辑选稿的逻辑，对全库稿件进行判断，形成一套仿真的选稿能力，在后台集聚构建模拟的仿真“频道”（备选库）。编

辑、运营人员可对备选库内的稿件进行二次筛选，大大减少了从海量内容中进行初筛的工作量。

二是有专门的内容岗位，大数据技术人员配合编辑、运营的需要，对备选库进行微调。微调的工作包括按条件添加（或排除）内容、临时调整权重等工作。

（二）从精选的角度出发，建设“热度”功能

稿件发布后，运营人员需要及时获得稿件的传播效果信息，对稿件在端内、全网的热度进行评价，进而对稿件精选以便进行排布、设置焦点、话题运营等工作。为了及时准确展示信息，南方+内容运营后台建设了“热度”计算的功能。

该“热度”计算围绕读者行为和全网热点两方面进行，可基本做到即时反馈稿件在当前的情况，提供一个直观的数值，供编辑和运营人员参考。

简单来说，“热度”建设和场景化阅读相关的工作可以理解为两方面的工作：

一是制订需要关注的指标、指征，并通过技术手段获得相对及时的数值。处理上还需要考虑优化数学模型，满足尽量用较少的大数据计算、尽可能不增加数值获取渠道等方面的要求。

二是将获得的指标和指征通过一系列的计算，结合为一个可以直观参考的数值。这可以理解为一个“翻译”的过程，将机器获得内容“翻译”为人可以理解的内容。例如，通过均值方差法处理离散度较高的数组；又如，通过指数计数法将大数值简化为较直观的差异。

除了上述的“备选库”“热度”等功能外，南方+内容管理、运营平台还有不少类似的底层功能，方便用户使用。南方+内容管理运营后台具备的松耦合、资源池化、高可扩展等特性，自有的开发能力提供了高强度定制化开发的可能。大量的定制性开发放到管理运营后台上，实现不同业务的介入，多系统数据的共享、资源的动态分配也得以实现。同时，通过既有的业务数据接口与第三方系统互联互通，实现一个平台对所有内容的运营。

三、场景化的内容赋能：运用媒体专业知识赋能AI平台

技术赋能、平台赋能早已成为媒体改革的共识，技术和平台进步的同时，仍然需要内容生产者的传统媒体经验，通过与技术的结合，共同建设优质内容平台。

一是设计适合用于评价个别用户的特定阅读场景的基础指标。在移动互联时代，用户的阅读场景不再是简单的早报、晚报、夜读几个字可以概括。需要引入新的指标和评价体系。如“适合转发”可以作为一个阅读场景，可以通过用户的转发动作，稿件的转发层级等用于比对。又如“适合深读”，可以通过记录稿件的阅读时长，屏幕滑动的停留时间等指标，综合评价稿件的阅读速度。

二是将基础指标与常量指标交叉匹配，定义特定的阅读场景。常量指标，是指通过技术分析，将辅助内容生产和业务方向指导的数据通过人工筛选，抽离相关性较高的项目，得出的

评价指标。以南方+客户端为例，辅助内容生产和业务方向指导的数据包括新闻传播力分析、运营分析洞察等多项技术服务提供的日常运营报表，编辑人员通过对用户、趋势、传播效果等维度进行分析，取舍后设计出一套常量指标。通过编辑人员和大数据团队的合作，设计出一套适合个性化的阅读场景定义。

三是针对不同的阅读场景，将大数据技术和AI技术充分结合，进行智能推荐。主要包括三方面：一是运用大数据技术对媒体内容数据进行智能文本分析，对内容特征进行量化计算，形成智能化标签。二是对用户行为进行采集、分析，运用机器学习预测用户特征，形成丰富的细粒度的标签画像。三是结合用户、内容和环境特征，进行多种机器学习算法的召回及排序分析，从而实现实时的用户行为和环境特征感知，进行新闻内容的个性化精准推荐。

四、场景化的评价：传播效果评价体系

南方+建设了一套传播效果分析系统。该系统以提升集团的新型内容生产能力、完善内部资源整合、奠定互联网运营与推广基础、提升内容产品管理与把关水平等为出发点，以为将来的内容变现、用户资源变现营造基础条件作为建设目标，其系统建设的主要方向可概述如下：

加快传统媒体与新媒体融合发展，建立全媒体传播效果评估平台。在一个平台上实现先进、实时，具备考核参考和内容运营使用价值的传播效果评估平台，真正实现信息的一次采

集、多种评估、多元展示，实现全媒体覆盖、全天候运营，是传播效果评估系统工作重点。

新闻传播效果分析系统作为支撑集团融合转型的技术平台，必须具备用户集聚与反馈评价的闭环机制，搭建用户后台，为各新媒体产品提供可视化展示的底层支撑，以数据实时集聚为发展重点，同时提供用户画像和运营支撑等基础功能。

从效果来看，这套传播效果评价系统，在支持、服务场景化阅读方面起到了三个维度的作用。

一是对编辑而言，有效帮助编辑设置场景化阅读。传播效果评价体系日处理的用户行为日志记录条数以亿为单位，处理数千万不同维度的特征，通过实时的内容传播效果评估，提高了南方+的新闻舆论传播力、引导力、影响力、公信力。编辑主要通过对不同传播效果指标的分析，进行人工判断。

二是对内容运营而言，显著提升用户生产内容的运营能力，提高内容的传播力。为南方+已进驻的6000余家南方号机构提供丰富的智能推荐服务，包括相关南方号推荐、南方号文章推荐、“我订阅的南方号”文章推荐等，有效提升各南方号的品牌曝光力、品牌影响力以及新闻传播力。

三是对内容生产环节而言，显著提高内部内容生产效率并通过数据指导内容生产和运营业务。通过后台多种筛选结果提醒编辑人员对不同阅读场景的稿件进行不同形式的包装，并通过内容传播和活动等运营数据分析，挖掘成功的案例，指导业务向正确的方向进化等，均是正在探索的方向。

不同指标不同阅读场景作综合考虑时的使用情况

指标名称	指标详解	场景化思路举例
文章发布后24小时趋势图/文章发布7日后趋势图	以小时（天）为单位，以文章在不同渠道的阅读量为归约，统计出各个渠道的阅读量增长情况	编辑可直观看出该稿件在过去的传播情况，对该稿件或同类题材在未来传播的可持续性有清晰的认知，以便选取合适的重点推荐时机
阅读来源分析/阅读来源分析饼图	以饼图展示各个渠道阅读量在总阅读量的占比，鼠标移入能够看到各渠道具体阅读量和占比	编辑可直观看出该篇的重点传播渠道，有针对性地对不同传播渠道进行调整
阅读时长分析/阅读来源分析柱状图	以阅读时间段长度为归约条件，统计分析各渠道人群阅读时间，能够查看到每个渠道人群的阅读习惯	通过阅读时长评价该稿在同类稿件中的优劣，对照改进运营手段
阅读完成度分析/阅读完成度分析柱状图	根据用户屏幕滚动正文内容比例，判断出用户对稿件阅读完成情况	对阅读完成度的分析，有助于调整稿件结构
区域人群洞察	根据稿件在不同区域的传播情况，展示读者群体在地区间的分布差异	有针对性地加强在不同区域的运营手段

总之，传统媒体时代积累下“场景化阅读”理论在新媒体平台时代仍未过时，尤其在面对海量的内容时，仍能在内容生产、运营、管理等方面提供强大内生动力，有其独特的意义和价值，值得内容运营、产品设计和技术开发三方面共同重视。

（作者系南方+客户端内容运营中心副总监）

融媒时代，南方+新媒体实验室的守正创新

□张西陆　丁薇薇　刘子葵　谭唯　许晓冰　李珩丹　麦小华　邢泽鑫

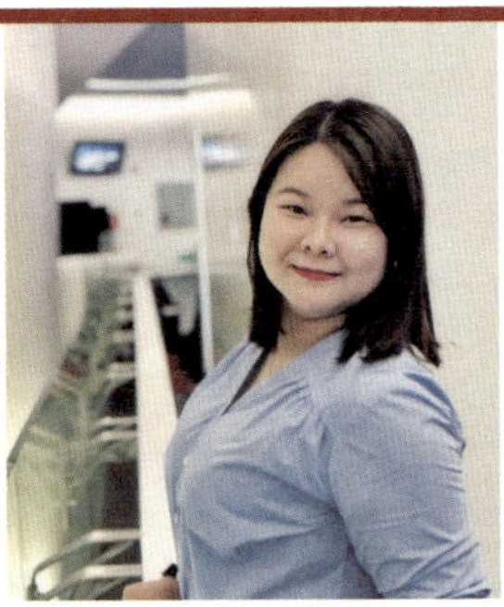

张西陆

摘要：不管技术如何演变，主流媒体的属性不会变化，未来新媒体从业者依然要靠优质内容去强信心、聚民心、暖人心、筑同心。

习近平总书记指出，对新闻媒体来说，内容创新、形式创新、手段创新都重要，但内容创新是根本的。南方+新媒体实验室以创新表达为己任，而创新的目的在于让主流声音传得更开、更广、更深入，这样才是主流媒体守正创新的应有之义。

媒体融合发展是大文章。

怎样才能体现善谋善为的真功夫？如何才能落好画龙点睛这一笔？这都得先从内容建设说起。

突出核心意识是南方+客户端内容运营中心的“主打歌”。“想唱就唱，要唱得响亮”可不是一句简单的歌词，在内容运营中心全员看来，唱响主旋律就是日常新闻生产工作的真实写照。

如何将主旋律唱得响亮？融媒产品是“编曲”的重要一环。南方+新媒体实验室全员奋战在融合发展一线，不断优化融媒产品的内容和体验，探索移动端传播新路径，生产线已涵盖海报展示、手绘动态长图、H5应用、短视频、歌曲MV、3D全息动画等系列。

南方+新媒体实验室牵头制作发布“城市24小时”系列短视频，不少城市纷纷跟进推出，随后央媒也推出《城市24小时》系列视频

回溯南方+新媒体实验室每一个值得纪念的高光时刻，这些年来这支年轻团队的成长与思考是值得讲述的。

一、创意赋能：把硬新闻做“软”，把时政新闻做“活”

融媒体必须坚持技术和内容创新。做好新时代宣传思想工作，比以往任何时候都更加需要创新。特别是主流媒体，必须紧跟时代，大胆运用新技术、新手段、新样式，加快融合发展步伐，实现传播效果的最大化和最优化。

然而，创新并非凭空而来。特别是对传统媒体而言，由于缺乏技术的“基因”，创新的起步尤为艰难。2016年下半年，南方+新媒体实验室成立，彼时只有1位平面、1位视频编导，连H5产品里的展示元素该怎么动起来都要学习很久。如今的新媒体实验室已是拥有21人的专业队伍，成员包括策划、脚本撰写、平面手绘、动画制作、H5设计、视频编导，融媒产品年产量超过600件。

这样的变化是如何产生的？答案就是“干出来”的。

新媒体实验室团队成员多为“90后”年轻人，大家不仅有“死磕”精神，更有青春的“张扬”：主动策划别人想不到的事；做别人想到了，执行不到位的事；做别人做了，但做不好的事。

“脑暴”是团队挂在嘴边的常用词，一个个奇思异想令创意大门越开越大——

“两会”融媒报道怎么玩？两会报道是主流媒体每年时政新闻领域的必选动作，更是各家新闻媒体“炫技”的大舞台。

“直播答题能不能用在政府工作报告的产品上？”2018年初，直播答题成为火爆的互联网风口，用户只要登录直播平台参与答题活动，就可以由主持人引导通过在线答题瓜分奖金，这一新玩法发挥了在线平台的社交化与互动属性，加之进行先进奖励引导，因而得以迅速蹿红。

在通宵达旦的努力下，新媒体实验室在广东省人大会议开幕的第二天便推出《H5|南方+直播答题，考考你读懂政府工作报告了没！》，联合四位风格各异的南方名记者，以直播答题模式为载体，让政府工作报告更深入人心，为严肃时政报道带来活泼生动、接地气的产品。

这一成功的案例强化了新媒体实验室团队的信心，也打开了思维的“阀门”。新媒体创新难，主流新媒体创新更难。要让互联网用户看得上、听得进，务必转换“语态”，要变生硬说教为平等交流，变文件语言为群众白话，变概念口号为生动故事。在2019年的全国两会上，南方日报、南方+客户端推出时政文艺类短视频《两会飞花令》，以“春”为题，5位“80后”在粤全国人大代表借串联“飞花令”讲述两会感悟，将传统艺术与时政新闻巧妙结合，展现青年代表积极形象，传递两会“好声音”，获得中宣部阅评表扬。

新媒体创新之难，难在更新迭代快，今天还是新产品，明天可能就过时了。那么，有没有可供“复制”的模式呢？

庆祝改革开放40周年，新媒体实验室牵头制作发布“城市24小时”系列短视频，以习近平总书记视察过的珠海、清远、深圳、广州四地为城市蓝本，通过大量的延时镜头、内容充实的短句文案、详实的数据和别具一格的叙事方式，用两分

在粤全国人大代表在时政文艺类短视频《两会飞花令》中讲述两会感悟

钟从不同角度展现了4个城市不同的24小时全貌，解读城市发展密码。

这一系列短视频的传播并没有局限于客户端，发布的同时还配合抖音、微视平台推广竖屏30秒短视频，更是“霸屏”了各相关地市的户外LED展示屏，成为城市形象视觉传播的“爆款”产品。

令人欣喜的是，该系列短视频引发全省“城市24小时”产品热潮，不少城市纷纷跟进推出，随后央媒也推出《城市24小时》系列视频。这说明，新媒体产品也是可“复制”的，但是这种“复制”并不是简单地依样画葫芦，而是在相对成熟的框架内，填充新的内容。换句话说，形式也许可复制，但要吸引受众，关键还是在内容。

经过三年的摸索，新媒体实验室发现，要做好主旋律报道的宣传，离不开三个“准”：一是找准切入口，以小切口反映大主题，从细微角度呈现事物全貌；二是选准主人翁，通过小人物“小而美”的故事，展现大时代的主旋律；三是瞄准爆发点，这个“爆发点”可能是一个动作、一组数据，或是一段歌、一张图，通过放大情感的张力、细节的温度，让受众耳目一新、记忆深刻。

这里必须提及新媒体实验室制作的“七一”党建产品。

结合“七一”党建宣传需求，2018年7月1日，新媒体实验室与南方日报时政部记者辛均庆合作策划推出《唱支RAP给党听！祝您生日快乐！老广们，党建走起》RAP（说唱）短视频。

这一RAP短视频分别聚集了腾讯、唯品会、酷狗音乐、珍爱网、南方+客户端等互联网“两新”组织年轻党员，联合南方日报、南方+的“90后”记者一同唱响党建RAP。

RAP短视频经南方+首发，在南方日报两微、今日头条、腾讯新闻、一点资讯、大鱼网等新媒体平台关键位置推广，很快引起各界的强烈反响。这一产品从创意策划到成品出街，仅用时7天，再一次充分展现报端深度融合的活力。

2019年“七一”建党节，新媒体实验室决定推出微视频《致1/90000000，平凡而闪光的你》。结合“不忘初心”高频热词，团队

2019年的建党日，南方+新媒体实验室推出微视频《致1/90000000，平凡而闪光的你》

首次尝试剧情微视频这一类别，选取快递员、退休老人、地铁便衣、“网红”基层干部、党建讲解员等平凡的党员个体，每段以30秒微视频形式，展现党员群体不忘初心、爱岗敬业的特质。

二、技术赋能：“硬核”玩法升级产品传播力

如果说思维创新是根本，那么技术创新便是重要手段，而且反过来可以促进思维创新。

3D动画，让视频产品“潮起来”。2019年全国两会期间，南方日报、南方+客户端推出3D动画《一年了！总书记，这份广东新时代答卷请审阅！》，生动展示广东深入学习贯彻习近平总书记重要讲话精神的实践。

围绕2019年上半年中国重磅主场活动——第二届“一带一路”国际合作高峰论坛，新媒体实验室推出《你看！广东有本会动的书，讲述世界的“一带一路”》逐帧动画，动画道具和

2019年全国两会期间，南方日报、南方+客户端推出3D动画《一年了！总书记，这份广东新时代答卷请审阅！》，让视频产品“潮起来”

南方+新媒体实验室推出《你看！广东有本会动的书，讲述世界的“一带一路”》逐帧动画，将主旋律硬新闻轻松表达

人物均按1：100的比例制作模型，反复打磨，精准呈现，明亮活泼的配色辅以真实还原的创意，将主旋律硬新闻轻松表达。

AR（增强现实）、MR（混合现实）技术，让产品“炫起来”。2019年7月22日起，南方日报、南方+客户端推出“壮丽70年·奋斗新时代——广东日记”全媒体系列报道，以小切口

2019年7月22日起，南方日报、南方+客户端推出“壮丽70年·奋斗新时代——广东日记”系列报道，南方+首次使用AR技术强化报网端互动

讲述新中国成立70年来广东经济社会发展取得的巨大成就及其背后每个人的奋斗故事。

在该系列报道中，南方+首次使用AR技术强化报网端互动，优化阅读体验，同步推出《AR时光机穿梭70年》栏目。AR技术使用户通过南方+客户端“扫码”后，就可以打开视频版“广东日记”，一览70年蝶变故事。

庆祝新中国成立70周年产品系列，新媒体实验室在“炫技”上再出“新招”，推出全息视频《壮丽70年的广东答

南方+新媒体实验室推出全息视频《壮丽70年的广东答卷》，借助了MR（混合现实）、3D虚拟场景搭建、全息投影等技术手段

卷》。两位南方日报、南方+客户端记者围绕《壮丽70年的广东答卷》进行主题演讲介绍，借助MR混合现实、3D虚拟场景搭建、全息投影等技术手段，展现新中国成立70年以来经济、社会、技术创新等方面取得的成就。值得注意的是，形式与内容是相辅相成的，不可为了片面追求形式的华丽，而放松对内容的雕琢，甚至让内容附属于形式。好的产品，必定是能引发共鸣的产品。否则，一个新媒体产品再炫酷，也只是金玉其外。

三、机制赋能：融合一切可用资源

媒体融合，须通过体制机制创新，融合一切可用资源。新媒体实验室在苦练“内功”的基础上，重点推进三个方面的融合。

首先是南方名记者的融合。这些年来，南方名记者一直是新媒体实验室精品生产的重要“合作伙伴”。

回顾新媒体实验室的发展历程，因为与南方名记者思维碰撞产生“化学反应”，不少主流宣传的传播推广都取得良好的成绩：

与南方名记者赵杨工作室联合推出的《武松来了》反腐脱口秀，迄今已推出三季，每季的全网点击量均过亿；

与南方名记者吴哲全网首发《一图读懂2018广东政府工作报告》，全省首创南方+二维码打上政府工作报告；

与南方名记者郑佳欣合作运营《珠三角观察》栏目，365天配合新媒体传播手段生产106篇深度爆款网文，打造出一个报业

南方+新媒体实验室与南方名记者赵杨工作室联合推出的《武松来了》反腐脱口秀，迄今已推出三季，每季的全网点击量均过亿

集团内融媒体栏目的样本，也入选2017年度广东省媒体融合报道优秀产品；

与南方名记者曹斯推出聚焦中国首个医师节MV《相信》，获得第三届健康中国微视频大赛“最具传播力作品奖”；

与南方名记者彭琳、南方英文网合作推出的“我是‘洋老广’”系列短视频，海外推广覆盖人群超过9100万人，产品点击率接近1亿；

以2018年为例，南方+客户端收获流量10万+作品共600件，500万+作品11件，千万+作品1件，破亿作品2个系列；全年推出新媒体产品共600余件。

这些看起来“高大上”的融媒产品，并非一蹴而就。背后由无数不起眼的细节集腋成裘。忘不了当年，南方+客户端的演播厅设备还不完善时，新媒体实验室成员与南方名记者赵杨团队一起，手把手搭出来的评书桌子和屏风、淘宝淘回来的长衫和纸扇，就这样定了《武松来了》第一季的拍摄场景。

从草台场景到虚拟演播厅，从扁平化动画到3D建模展示，每一季的效果越做越好，许多我们原来不敢想的东西，现在都成为现实。

其次是报网端音视频部。2019年初，报网端音视频部成立，南方+新媒体实验室多了一张全新的名片——报网端音视频部融媒体工作室，与南方日报视觉新闻部团队融合工作。在报网端音视频部平面成员的“加持”下，新媒体实验室的设计能力进一步提升，长图产品生产频率飞升至每3天便推出一款。而由于分工更为明确，新媒体实验室也可以将精力更多集中于创意产品的设计包装上。

2019年，新媒体实验室推出“我们的节日”手绘长图系列，专注打造高品质手绘产品。其中，“六一”儿童节当日，配合“中国动漫日本行——从水墨中来”展览宣传，新媒体实验室与知名漫画家小林合作，首次推出《我，从水墨中来》动

态长图产品。

这个产品跳脱展示型长图套路，用一滴中国墨滴串联起动效展示，配合动漫代表作的动图植入，带出中国动漫百年成就。被技术“升级”的长图产品一经发表便引起“刷屏”效应。

再次是外部平台。合作伙伴不仅限于“自家人”，开放合作大门，越开越大——

南方+客户端与“学习强国”广东学习平台联合推出“2019全国两会学习日记”，新媒体实验室制作H5《今天，你学习了吗？》，跟随习近平总书记的脚步，精选每天学习重点；与我国首个集成民生服务微信小程序、广东省“数字政府”改革建设重要成果——“粤省事”合作，推出H5《步履不停70年》，重温70年里国人记忆中的激燃时刻……

2019年，新媒体实验室推出“我们的节日”手绘长图系列之《我，从水墨中来》动态长图随着报网端融合的深入，南方+客户端的融媒产品在数量和质量上的制作需求不断提升，单凭新媒体实验室的“一己之力”自然无法满足。

基于此，一个更开放的解决方案生成：以新媒体实验室为基础，筹建“广东媒体创新工场”，将业界、学界的生产力量集聚起来，以开放性生产打造众筹式的媒体创新工场，探索建立内容、技术、人才、机制融合的创意孵化平台，努力打造更多“技术+美学+灵感”的融媒体产品。我们的合作伙伴将包括

南方+客户端与我国首个集成民生服务微信小程序、广东省“数字政府”改革建设重要成果——“粤省事”合作，推出H5《步履不停70年》

新媒体创业团队、学界新媒体团队，他们会作为我们的“种子团队”，携手造“爆款”。

（作者张西陆系南方+内容运营中心副总监，丁薇薇、刘子葵系南方+内容运营中心高级主管，谭唯系南方日报视觉新闻部融媒体工作室副主任，许晓冰、李珩丹、麦小华、邢泽鑫系南方+内容运营中心编辑）

直播广东：打造南方+硬核政务直播平台

□张哲　丁晓然

张哲

摘要：政务类视频直播是党媒移动端直播内容生产的重点之一。自2016年6月直播平台上线以来，南方+通过不断学习、改进和提升，围绕政务传播核心资源和创新表达形式积极运营，打造广东省权威政务直播平台，体现南方+在政务报道领域的传播力、引导力、影响力、公信力。

2016年6月，南方+客户端移动直播平台“直播广东”上线。从上线第一年制作400场直播，到2019年前三季度已制作直播1300余场（其中包括900余场视频直播），南方+直播产品产量增长迅猛，共完成直播4200多场，其中视频直播超过2500场，实现360度记录广东经济、社会发展最新现场。其中，政务类视频直播是“直播广东”内容生产的重点之一。南方+围绕政务传播核心资源和创新表达形式积极运营，打造广东省权威政务直播平台，体现南方+在政务报道领域的传播力、引导力、影响力、公信力。

一、紧抓政务传播核心资源，体现南方+移动端传播力

作为广东权威政务资讯发布平台，南方+客户端在直播题

2019年1月30日上午，广东省十三届人大二次会议首次“代表通道”集体采访活动在广州白云国际会议中心举行。图为人大代表回答记者提问

材选择上紧紧围绕这一定位展开，重点抓住高端政务新闻资源和权威发布资源。

（一）首播省两会代表通道和委员通道

近几年，全国两会的“代表通道”“委员通道”“部长通道”直播报道已成为各个媒体的重头戏。2019年广东省两会首次开设“代表通道”和“委员通道”，这是广东推行阳光参政议政的新举措。代表、委员如能直面镜头，实时就广东省内经济、民生、社会发展话题发声，无疑能够展现省两会的新形象。

在此之前，两会现场视频直播历来是省级电视台的保留项目，南方+客户端在这方面并没有经验。“代表通道”和“委员通道”是新现象，能不能进行现场视频直播报道，各方对此也没有现成的经验借鉴。经过南方日报时政记者团队积极协调，在获得允许的情况下，南方+成功进行现场视频直播——《广东省政协会议“委员通道”首次亮相！六位委员发言关注这些领域》。这也是广东省内首个对这一政务公开新举措进行直播的移动端平台，确保了第一时间向广大用户传递参会委员声音。

第一场直播成功进行也带来示范效应，广东省内主要新闻资讯移动端在随后的直播报道中纷纷跟进。随后，南方+客户端又进行了《广东省政协第二场“委员通道”来了！委员们关注哪些话题？》《广东两会首个“代表通道”走起来，履职为民展风采》等现场视频直播，完整呈现了省两会阳光参政议政新形象，也强化了南方+客户端广东权威政务资讯发布平台的定位。

（二）政务直播实验室强化政务直播运营力

为强化政务直播的运营，2018年南方+客户端与南方日报合作推出“政务直播实验室”，探索政务直播的内容表现形式和运营手法。实验室开设以来，不断摸索直播场景优化，打造专业化、差异化的直播品牌，开展直播130余场，见证和记录了港珠澳大桥通车、超强台风“山竹”登陆、广深港高铁香港段开通、广州白云机场T2航站楼启用、南沙大桥开通等重大新闻历史瞬间。其中，超强台风“山竹”登陆广东报道是展现南方+政务直播影响力和公信力的集中体现。

2018年9月13日至17日，超强台风“山竹”登陆广东，围绕

2018年10月，港珠澳大桥正式开通运营首日，市民排队通过珠海公路口岸

2018年9月16日，超强台风“山竹”登陆前夕，南方日报、南方+记者在广东省防总采访报道最新台风资讯

台风登陆前的预告、预防资讯动态发布，登陆后的影响和政府救援措施，南方+共进行14场直播，包括《现场直击湛江西湾村防“山竹”大转移》《南沙十九涌内河决堤，5555亩鱼塘全面受淹》《“山竹”远离，东莞全力以赴救灾复产》《到“山竹”登陆点去：台风过境后台山的日与夜》《“山竹”登陆！省防总提醒：风眼过后还要注意回南风，切勿外出》《超强台风“山竹”进入登陆倒计时：如何防范？省三防办省气象局权威解答》等。

其中，在《超强台风“山竹”进入登陆倒计时：如何防范？省三防办省气象局权威解答》和《“山竹”登陆！省防总提醒：风眼过后还要注意回南风切勿外出》两场直播中，政务直播实验室发挥对接权威信息的关键作用，执行记者连续三天值守省防总、省突发预警信息发布中心等指挥决策与权威信息发布的中枢。执行团队邀请广东省气象台首席预报员进行独家释疑，是现场唯一全程视频直播的主流媒体，为各地指挥协调防风抗灾提供了有效的信息支撑。单场直播点击量更是达到了700万。

政务直播受时长限制，往往随着新闻现场结束而结束，但新闻价值的传播仍有很强的生命力，对此政务直播实验室致力于延长直播产业链，创新产品形态，将一次拍摄的内容产出短视频、微海报、动图等多种表现形式，实现直播内容的二次传播、多次传播。目前已逐步形成一套完整的直播副产品生产流程。

例如，在《超强台风“山竹”登陆倒计时》直播过程中，针对最新发布的重要资讯，政务直播实验室制作多个微海报供社交媒体转发传播，海报附带直播页面二维码，也带动了直播页面的传播。在对应直播结束后，3小时内推出精剪视频《“山竹”预计明晚袭粤！可比拟一个香港的台风眼长啥样，视频在这里》《“山竹”预计17日凌晨移出广东！视频回顾登陆全过程》，共为南方+客户端贡献点击量约80万，在今日头条等端外平台上均获得单场百万级别点击量。

二、积极尝试新技术手段，探索政务直播创新表达

科学技术是第一生产力。长期以来传媒行业便是随着媒介载体的进步而发展，新时期下信息技术的快速发展让媒体环境快速“数字化”，网络媒体、移动端媒体和社交媒体深刻影响着信息的传播方式，更加新兴的技术如VR、AR、4K和5G等，进一步将用户体验“数字化”，带来更为沉浸式、现场化的表达方式。除了选题和内容运营，基于新技术的发展进步和用户对

2019年4月2日，南沙大桥开通首日，南方日报、南方+记者在桥上进行现场连线报道，图为演播厅内实时导播场景

新形态阅读方式的需求，自直播平台上线以来，尤其是在2019年，南方+围绕创新移动视频直播形式，在政务直播领域积极尝试和应用新技术手段，带来政务直播活动的创新表达形式和表达效果。

（一）虚拟演播厅连线现场视频直播

2019年4月，南沙大桥通车，这是《粤港澳大湾区发展规划纲要》公布后首个区域超级工程重大事件。现场直播首次使用南方报业传媒集团融媒体中心虚拟演播厅，进行演播厅与三路现场视频连线。这也是南方+直播产品的首次尝试，参与成员此前均无相关经验，任务难度大，效果是否可达预期也存在不确定性。

为此，策划团队多次开会讨论，参照广电直播内容制作标准，制订详细的执行方案，细化到主播、嘉宾和记者讲述内容要配播的所有短片、制图等。导播编辑团队成员从零学起，连续近两周学习掌握虚拟演播厅的虚拟导播机、特效包装设备、字幕机的基本使用技能。记者团队学习演播厅连线主持和外景出镜技巧；跑线记者以专家身份出场搭戏，并协调一线施工人员和专家在连线采访中出镜接受采访，及各种所需资源。音视频部新媒体团队和摄影记者根据需求赶制多部短视频、动态效果图、虚拟直播间包装效果图等，并根据测试效果加班反复修改。

正式直播前，团队全员彩排十余遍。有了前期充分的准备和演练，正式开播后整场直播内容流畅，演播厅主播和嘉宾记者台风稳，外景记者采访流畅，全部画面丰富多变，摆脱了单镜头画面的单一、枯燥。前期团队提前上桥测试信号，发现现场基站设备不完善，打电话信号也勉强，临时增加携带信号聚合设备到现场，提供现场Wi-Fi信号备用，整场直播播出画质高清、信号稳定。直播视频除了在移动端呈现，也同步实时在融媒体中心一楼播出，获得广泛转发和好评，跟帖互动活跃。腾讯客户端对推流直播进行了弹窗推送。

（二）进行“4K超高清视频拍摄+5G信号传输”直播

5G应用正在从概念逐渐成为现实。网络覆盖方面，联通在2019年5月17日前已在广州完成3000个5G基站及相关配套设施建设；广东自贸试验区深圳前海片区已经是全国首个5G全覆盖自贸片区，而深圳2019年共建设7000个5G基站。随着5G网络覆盖逐渐完善，相关应用已在多个行业开展。

例如，交通应用方面，2019年5月，广州首批5G信号覆盖公交车试运行；深圳地铁11号线试行5G车地无线通信。

医疗应用方面，2019年4月，广东省第二人民医院采用5G信号进行的远程手术，把4K级超高清视频从广州实时传送到200公里外的清远市阳山县人民医院，整个手术直播过程音视频流畅、画面高清稳定、无明显卡顿和时延，实际测算平均时延低于40毫秒。珠海、澳门两地也在2019年5月同步进行4台远程手术，采用5G信号传输超高清视频；广东江门在2019年5月完成首例5G远程手术，成功使用5G信号传输超高清视频。

实际应用已经验证，在保证5G网络信号可以覆盖的前提下，采用5G信号可以实现更高精度视频、更大数据的稳定传

2019年5月9日，南方日报、南方+直播团队对世界超高清视频产业发展大会进行4K拍摄直播报道

2019年5月17日，南方日报、南方+直播团队进行全流程5G直播报道

输，5G技术有助于提升视频直播的质量。作为覆盖全广东的直播平台，南方+客户端也积极进行5G直播的应用尝试。

2019年5月，南方+直播平台先后在世界超高清视频产业发展大会直播中成功试水“4K超高清视频拍摄+5G信号传输”和“VR视频拍摄+5G信号传输”的视频直播，以及在世界电信日纪念大会和南方+5G频道上线活动中使用“5G手机拍摄+5G信号传输”的全流程5G移动网络直播。

世界超高清视频产业发展大会（简称4K大会）是国内超高清视频行业的顶级展会，展示国内外最先进的超高清视频技术应用和产品，也是广东省重点产业推进举措。为确保移动端直播符合展会定位，在此次活动的直播中，南方+采用4K级超高清视频摄像机拍摄，采集高质量视频信号，并使用业界最新的超高清视频编解码器实现视频的实时编解码。在VR直播环节，视频拍摄设备采集的视频数据拟合之后更是超过4K。此种应用场景下，视频数据量远超常规高清视频，传统4G网络直播难以进行稳定的实时传输，因此通过运营商在大会现场布设5G基站进行音视频的实时传输。

直播前一天，南方+直播团队在展会现场进行了拍摄和实时传输的测试，确保展会当天的直播效果。同时，也设计了传统4G网络+网线传播的备用方案，以防出现意外情况。在实际执行中，直播全程视频传输质量稳定，备用方案未启用。需要留意的是，现有市场大屏手机的精度最高在2K左右，无法直观在手机端体验4K视频的效果。即便在这种情况下，使用5G信号传输的视频，在手机端的实际观看精度也超过了南方+此前所做直播的视频精度，为用户带来了耳目一新的体验。

（三）成功试水全流程5G手机直播

在世界电信日纪念大会和南方+5G频道上线活动中，南方+首次尝试全流程5G（“5G手机拍摄+5G信号传输”）直播。不同于上述“采用摄像机拍摄+5G信号传输”的形式，5G手机拍摄效果如何、直播软件是否能够稳定使用、使用5G手机直接传输5G信号，此前均未找到相关案例。为保证直播顺利进行，南方+直播团队多次前往活动举办地中国电信广东总部大楼，现场沟通协调直播必需的网络环境和技术支持，多次测试彩排，排查手机使用、软件使用、信号传输可能遇到的问题和风险，并协调相关单位解决，以保障直播顺利进行。此次直播，全程5G信号稳定，视频质量高，手机拍摄机位、摄像机拍摄机位、特写机位三机位切换流畅，未出现掉线情况，为日后5G手机直播的应用积累了经验。

（四）VR视频直播考验策划能力

上文案例中应用的新技术或体现在包装形式，或体现在拍摄器材变化，或体现在信号传输环境变革。与之相比，VR视频直播的尝试更具有挑战性，尤其在直播场景选择与流程策划方面。

相较于普通视频，VR视频能让人身临其境般感受到现场氛围，带来不同于常规视频的体验。近一两年来，时而可见有媒体或厂商在VR视频直播方面进行尝试。2019年，南方+也在这方面进行探索，相继完成了《广东阳江开渔节》，“VR全景看广东”系列直播《丹霞山峭壁环卫工》《无人艇为珠江体检》《体验广州5G时代》，为迎接未来直播技术的进化积累经验。

鉴于VR视频的特殊效果，在前期策划时，就必须重点考虑应用场景，充分发挥VR视频的优势。在选题筛选阶段，直播团队定下几个选择标准：一是场景开阔，太窄的空间影响全景相机画面拼接和成像；二是画面丰富，在相机360度拍摄下可看的内容多；三是直播不能过度依赖出镜记者的口播，现场发生的事件和画面本身有足够的支撑力。尽可能发挥VR视频现场感强的优势，减少直播过程中对细小物件的展示。

尽管在前期策划中就考虑到画面容量问题，但实际操作中仍需要逐步探索从单一画面到全景画面内容填充的不同和策划思维方式的转变。

在广东阳江开渔节直播中，直播团队就感受到VR直播的容量之大。记者在船上进行常规的出镜和采访，此时用户不断调整全景播放器视角，可看内容始终只有3个：出镜记者、甲板设施和附近船只。画面较为单一，静态场面多，感染力弱。

有了开渔节的直播经验，直播团队着手对动态内容进行强化。丹霞山悬崖环卫工VR直播中，直播团队放弃一个摄像师跟拍一个出镜记者的常规直播拍摄方式，选择让出镜记者手持自拍杆拍摄，一边爬山一边解说，让用户有第一视角的观感。为了进一步增强动感，还安排了记者跟随环卫工人体验峭壁“蜘蛛人”的工作，用航拍机位展现，带来全知视角的体验。

三、重视平台建设和运营，积极培养政务直播人才

除了紧抓选题和积极尝试新技术，南方+也努力推动平台建设和运营，降低使用门槛；同时持续提供培训服务，提升政务直播出镜记者的表现水准。

南方日报采访部门是南方+直播内容主要生产来源，采访部门记者分布在广东省21个地市。为推动一线记者和编辑使用直播平台开展直播报道，南方+直播广东平台上线后，不断优化和完善直播平台技术，简化直播操作流程，形成标准化操作指引，方便一线记者和编辑随时使用直播平台进行直播报道。目前，南方日报多个采访部门已经形成相对固定的直播团队，使用门槛的降低带动了内容生产的加速，2019年前三季度1300余场直播，来自广州之外的20个地市记者站直播场次就已超过700场，其中以政务活动直播为主。

2019年9月5日，南方日报、南方+直播团队在韶关丹霞山报道悬崖环卫工，图中为出镜记者体验环卫工工作

出镜记者的表现是直播质量提升的关键环节，而政务题材直播对记者出镜表现有着更高、更严格的要求。通过定期为记者部门提供集中培训服务，南方+推动采访部门培养政务直播人才。2017年和2018年，南方+分别组织进行“金牌主播训练营”，在培训课程设置上突出政务直播出镜采访和主持的训练，帮助南方日报各部门、各站点一线记者提升出镜表现。

自2016年6月直播平台上线，南方+通过不断学习、改进和提升，打造硬核政务直播平台。围绕高端政务新闻资源和权威发布资源做选题，南方+强化了广东权威政务资讯发布平台的定位；从图文直播到视频直播，再到如今已拥有虚拟演播厅直播、VR拍摄全景视频直播、5G信号直播能力，南方+直播平台政务直播产品制作能力不断提升；重视平台建设和运营，也有效推动了采访部门积极使用南方+直播平台进行政务直播报道和提升报道水准。

（作者张哲系南方+客户端内容运营中心副总监，丁晓然系南方+客户端内容运营中心高级主管）

布局开放生产，内容运营如何做到有的放矢

□蒲思伊　李啸啸

蒲思伊

摘要：开放生产是构建互联网资讯平台的必经之路，但是开放生产不等于放任生产。如何正向引导，使入驻平台的生产者有的放矢，值得平台运营者思考。

移动互联网技术打破传统话语传播空间，开放生产早已不是什么新鲜事物。传统媒体拥抱新技术，商业公司入局。

开放生产使平台内容更丰满，随之而来的是不实信息、有害信息、低质信息等也充斥互联网。如何正向引导内容生产，并帮助内容传播？简单一个问题，却值得平台一直思考和探索。

一、既来之则安之？开放生产≠放任生产

事实上，开放生产不等同于放任生产，至少对媒体而言，建立开放生产平台的最终目的，还是为大众用户提供更多优质内容，传递更多价值。而开放生产，不可避免的一大问题，是内容参差不齐。

南方+客户端搭建的南方号平台，聚集了全广东6000家政务发布号，其生产的内容约占南方+客户端内容总量的70%，但其所带来的流量，可能无法与数量相匹配；另一个开放生产平台——南方拍客，收集到的图片、视频、新闻线索等素材，能在南方+客户端呈现的，也不可能是全部。

不论是政务发布号，还是个人，对信息的把控与理解都有差别。假若南方号和南方拍客平台只是把这些号、这些人简单聚合，任其自然生产，那么一些优质的、重要的信息，可能就被淹没在洪流里了，而入驻用户也无法通过平台有所获得，久而久之，也就兴趣索然了。

所以，引导入驻用户有序生产提升内容质量，帮助优质内容扩大传播力，才是平台真正的责任与使命。

二、平台精准定位：布局开放生产的第一步

那么，平台究竟该如何引导生产？又该如何提升优质内容的传播？

想要答案，可能还得从源头开始思考：平台的特性是什么？毕竟，能从平台众多内容中突围而出的，大多还是那些与平台调性相符的信息。平台定位够精准，目标受众才清晰。明晰的用户画像是引导生产的第一步。换个角度来说，要让入驻者知道内容是做给谁看。

比如南方号，主打广东政务信息权威发布，它吸引的目标用户，主要是关注广东社会经济发展的公务员、教师等高知群体。要让大家在南方号上看到最多、最快、最权威的政务信息，就需要入驻的机构号，全力做好自己领域内的政策发布、权威解读。这也是为什么平台从一开始就明确，吸纳入驻的是广东省内各级党政机关、社会团体、企事业单位等发布主体，而一定不是那些爱危言耸听的营销号。

与南方号不同，南方拍客则主打身边大小事的线索与素材征集，所以关注平台的，更多的是那些希望寻求帮助、有表达欲望，或爱好摄影摄像的发烧友和热心街坊。他们既是平台使用者，也属于平台受众。他们的任务，是记录下身边值得传播的瞬间，更快速、更直观地带大家“亲临现场”。

明确平台定位，是开放生产的第一步。在吸引足够多的生产者，了解生产者能为平台带来什么之后，我们才能回归问题核心：平台能给生产者带来什么？

这就需要内容运营，以引导生产，帮助提升。

（一）引导生产：如何做到有的放矢

我们之前提到，开放生产不等于放任生产，每个生产个体都有自身局限。比如政务发布号并非每天都有重磅新政；而拍客们，也不可能时刻能遇上精彩瞬间。他们“闲”时的生产力如何激发？这就需要平台引导，让生产者拥有更明确的生产目标。

南方号的经验是“全面撒网”和“重点捕捞”相结合，做到“有的放矢”。

所谓“全面撒网”，即由平台制定一套生产规范，如抛出一个话题、规定一种内容形态、举办一次活动，让生产者在固

南方号实施“全面撒网”和“重点捕捞”相结合的方式，而“同题作文”是其中最常规的应用

有的框架内最大限度自由地创作。

“同题作文”是其中最常规的应用。平台方针对不同主题和社会热点，向政务发布号派题征稿。在单个话题的框架里，发布号根据自身特点和擅长领域进行创作，且不限体裁、不限角度、不限形式。

比如台风天的“同题作文”，应急管理部门、气象部门及时发布最新指引，地市频道发布本地动态；教师节，教育类发布号可以撰写教师故事，健康类发布号则可关注教师职业病。

“同题作文”的优势在于一方面能让更多发布号参与，同时又能凸显发布号各自的特色和优势；另一方面，它还能打破参与限制，不同行业、系统、地方的发布号，只要能在同题作文的题目中“有话可说”，就能“一展身手”，形成特有凝聚力。

作为“同题作文”的延伸，南方号也设置了一些“主题栏目”供更积极和更有能力的生产者参与，例如主题游玩攻略“周末打卡”

作为“同题作文”的延伸，南方号也设置了一些“主题栏目”供更积极和更有能力的生产者参与。不同的是，“主题栏目”长期有效，内容形态也相对固定，所以要求更高。

例如每周五推出的主题游玩攻略《周末打卡》，就要求生产者梳理出带有主题性质的游玩路线，如“七夕约会地图”“国字号古村落探营”“文创园种草清单”等，供用户周末休闲参考。还有根据热播影视剧梳理相关知识点的《热剧新知》，《都挺好》中“断绝”亲子关系的苏明玉还要养父亲吗？《小欢喜》中母女间“虐心”的相处如何破解？为读者答疑解惑，少不了专业知识。

难度指数上升，生产辅助也随之加强。大部分时候，平台编辑会介入帮助生产者策划选题，提供思路等。有时甚至需要平台方先做优质内容，形成示范效应，为生产者提供更具体的指引。同时，配套推广力度也会加大，如制作推广海报、重点位置推荐、多平台分发。

单纯的内容引导多少会让人产生疲态，我们或许可以适时考虑一些更深层的刺激——比如线上线下活动。事实也证明，与活动类运营相结合，的确能让开放的内容生产拥有质与量的飞跃。

2019年5月，南方号举办“我们的湾区大文章”新媒体爆款大赛，短短一个月，便收获70余个政务发布号的近百份新媒体作品，光是点赞投票数就达到10万+。政务号们根据活动要求生产的新媒体内容，在南方+客户端首页“霸屏”，其中一部分还被学习强国平台选用，真可谓风头一时无两。

与活动类运营相结合，能让开放的内容生产拥有质与量的飞跃，例如“我心中的好医生”拍客大赛

还有南方拍客的“我和我的祖国”拍客大赛，也在国庆小长假的7天里，征集到了百余份国庆精彩活动和生动故事投稿。更具针对性的则有“我心中的好医生”拍客大赛，不到半个月时间，便征集到许多医生工作生活的一线场景和医患暖心瞬间，最终表现为55条投稿，收获20000+的投票点赞。

不过，值得一提的是，这类“深层刺激”贵精不贵多。一来时间成本、人力成本较高，平台和生产者都耗不起；二来太过频繁也会让人失掉新鲜感，让生产方的刺激效果大打折扣。

如果说广撒网式的发动生产是对“量”的追求，“重点捕捞”则重在“质”的提升。那些生产能力强、内容质量

《还原援藏援疆教师的一天》这一作品在教师节“同题作文”中脱颖而出，稳居同题内容流量榜首

好、合作意愿足的生产者，平台应当给予适当扶持，对这部分“尖子生”开小灶。

比如南方号的“重点选题”，就更倾向于与相关领域的优质机构号合作。2019年教师节，平台重点向广东教育南方号派题约稿，推出《还原援藏援疆教师的一天》。这一作品在教师节“同题作文”中脱颖而出，稳居同题内容流量榜首。付出劳动的广东教育南方号，既收获了流量，又强化了品牌展示；对平台而言，则是在靠“同题作文”收获丰富稿件的同时，又有“重点选题”的优质内容。可谓双赢。

有时，平台还应承担“孵化器”的角色。对于那些有足够实力形成自有栏目的生产者，给予更多的支持和帮助。

如广东教育南方号的《粤教一周纵览》，中山六院南方号的《每周医答》，都是平台与发布号合作推出的栏目。平台辅助孵化、推广，除内容把关和选题建议外，更多的是为其配备优质推广资源，如开设专题页、提供互动支持、制作推广海报、设计栏目UI、重点分发等，内容则由机构号主导生产，自由发挥。

（二）帮助提升：从流量到生产力

通过上述各种手段推动生产之后，平台就该考虑如何“帮助提升”了。这之中既有传播效果的提升，也有内容质量的提升。

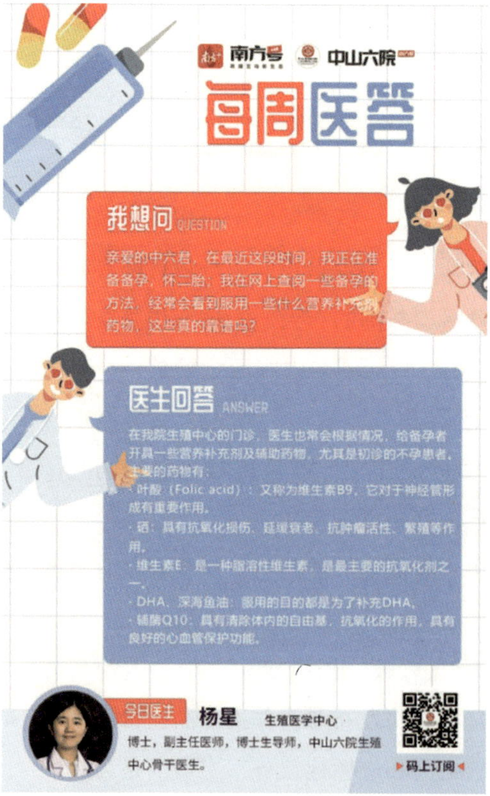

有时，南方号平台还承担“孵化器”的角色，例如中山六院南方号的《每周医答》，就是平台与机构号合作推出的栏目

1. 多渠道分发提升内容流量

移动端内容产品，传播效果最直观的便是流量了。在这方面，南方号和南方拍客平台都有着先天的优势——南方报业传媒集团——这个主流媒体资源。

除报纸、期刊等传统媒体外，南方报业传媒集团拥有20个网站、7个手机客户端、370个社交媒体公众账号、3000块互动触控屏、1万平方米户外LED大屏幕，形成了“报、刊、网、端、微、屏”多介质、多形态、立体化的媒体生态。在南方号和南方拍客平台上生产的内容，只要足够优秀，就有在集团各个平台上亮相的可能。

而作为集团新媒体转型的拳头产品，南方+客户端同时也是广东省政务信息权威发布平台，其引流能力足够强势。同时推送布局也足够强大，如首页重点呈现，以及地市频道推荐、弹窗推送、开屏展示、订阅推送等。

另外，平台也积极拓展外部推广渠道。如今，南方+客户端

帮入驻者制作更具吸引力的标题和分享语、设计更精美的朋友圈海报，也是南方号和南方拍客平台一直在做的事情

已与学习强国广东学习平台、头条号、企鹅号、一点号等建立供稿渠道。同时还与众多头部大号，如广东发布、中国广州发布、广东卫生信息等拥有良好互动，在尊重版权的前提下，内容共享、相互推送。其中，就包含了在南方号和南方拍客平台生产的优质内容。

平台影响力固然重要，个体力量也不容忽视。新媒体时代，“阅读十万+，基本靠转发”，善用社交媒体，发动朋友圈的推广力量，也是提升流量的重要手段之一。帮助入驻号制作更具吸引力的标题和分享语、设计更精美的朋友圈海报，也是南方号和南方拍客平台一直在做的事情。

2. 更便捷的自荐通道

内容推广的多渠道已打通，可开放生产平台聚集了那么多的生产者，如何发掘更多的优质内容？除平台运营方的主动发掘之外，生产者自荐也必不可少。毕竟，信息爆炸时代，酒香也怕巷子深。

为此，南方号平台上线了“我要上首页”“我要上频道”和“首发”计划。入驻号可在对应的微信群中直接推荐自己的原创内容，平台运营编辑则会挑选其中符合要求的优质内容，进行多渠道分发。

效果也是显而易见的。各大计划推行以来，越来越多的发布号内容出现在南方+客户端首页、地市频道首页，以及其他外部平台。同时，入驻号内容发布数量及质量也有了大幅度的提升。

而南方拍客，也有着各种不同的功能群，如“南方视觉无

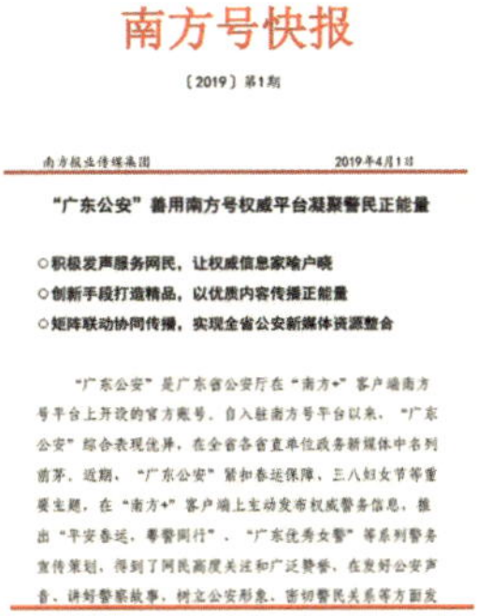

南方号快报

〔2019〕第1期

南方报业传媒集团 2019年4月1日

"广东公安"善用南方号权威平台凝聚警民正能量

○积极发声服务网民，让权威信息家喻户晓
○创新手段打造精品，以优质内容传播正能量
○矩阵联动协同传播，实现全省公安新媒体资源整合

"广东公安"是广东省公安厅在"南方+"客户端南方号平台上开设的官方账号。自入驻南方号平台以来，"广东公安"综合表现优异，在全省各省直单位政务新媒体中名列前茅。近期，"广东公安"紧扣春运保障、三八妇女节等重要主题，在"南方+"客户端上主动发布权威警务信息，推出"平安春运，警警同行"、"广东优秀女警"等系列警务宣传策划，得到了网民高度关注和广泛赞誉，在发好公安声音、讲好警察故事、树立公安形象、密切警民关系等方面发

南方号定期推出"我要上首页周榜""南方号影响力排行月榜"等，同时制作《南方号快报》，以激励入驻号不断进步

人机拍客群""南方拍客交流群""'的哥'拍客群"等，以保证用户能及时与平台方联系沟通。

3. 培训机制

日常生产中的帮助提升属于"润物细无声"，靠的是日积月累的潜移默化，阶段性地对入驻者进行干货输出，则是平台提供的额外"成长大礼包"。

2018年起，南方号推出"南方号交流营"活动，定期邀请行业大咖、资深媒体人、运营人、优秀南方号运营者等，为政务小编提供全方位的新媒体技能培训，同时分享平台成就。而

南方号平台上线了“我要上首页”计划，鼓励内容生产者自荐

南方拍客首场聘任活动“的哥”专场上，南方日报的记者们也同时为受聘“的哥”传授了新闻、摄影摄像等专业知识。

（三）稿费、榜单，生产以外的再次“激励”

当然，作为平台方，除了上面提到的内容运营外，为了刺激生产，当然还有一些其他手段，如稿费奖励机制、榜单激励机制等。在南方号平台，入驻号如按平台方约稿要求生产；在南方拍客平台，入驻者的内容如被选用，平台方均会视内容质量向其发放金额不等的稿费。

内容质量、推广的效果是否得到反馈，是传播过程中重要一环，也是反向刺激内容生产的重要手段。为此，南方号定期推出同维度的榜单，如“我要上首页周榜单”“南方号影响力排行榜”等，对内容和推广进行全方位的总结反馈。同时，平台还针对表现突出的入驻号，制作《南方号快报》，将该号的报道亮点梳理成文，呈报至其单位主要领导，以激励入驻号不断进步。

三、新的尝试与思考：平台之中的平台

从平台建立，到吸引生产者入驻、引导内容生产、刺激提升生产能力，再到进一步扩大吸引入驻、进一步刺激产出……开放生产的内容平台的内容运营，是一个永远也无法停止的活动。而随着技术的进步，传播场景不断发生变化，内容运营的手段也需要不断尝试更新。

比如南方号平台发展到如今，入驻机构号数量和其产出质量已相对稳定，我们是否还有更多的办法让入驻者和其内容进一步提升？《鉴谣实录》是一个新的尝试。一开始，《鉴谣实录》只是一个由平台编辑收集整理的周期性辟谣类视频节目，收获了不错的用户反馈，那我们是否可以以这个节目为基础，把节目扩大成“平台之中的平台”，建立长期固定的征稿渠道，实现更为有机的政媒互动新生态？

再比如南方拍客，是否还能借助技术力量，让符合条件的内容直接在分发端呈现，缩短内容生产流程，节省运营成本？

内容开放生产，对于习惯了专业生产的传统媒体而言，是一门新课程，也是一门必修课。路漫漫其修远兮，仍须不断探索。

（作者蒲思伊系南方+内容运营中心编辑，李啸啸系南方+内容运营中心高级主管）

扩大党端影响力，立体化传播怎么做

□杨小妍

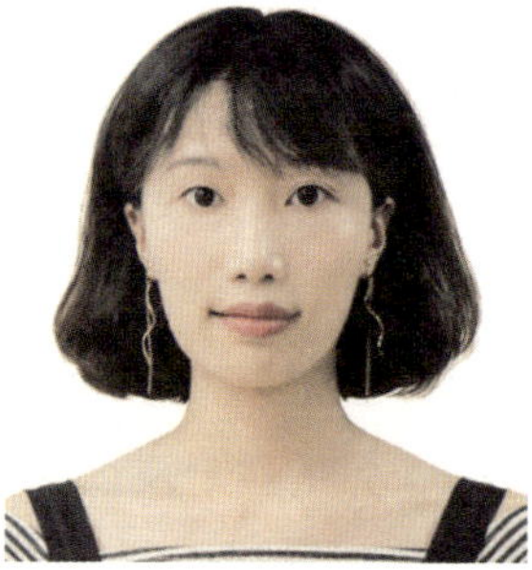

摘要：移动互联网的出现，使人们获取信息的方式发生了翻天覆地的变化，互联网用户对内容的选择越来越体现在“一念之间”。如何捕捉用户的“一念之间”？南方+客户端通过拓展传播渠道、开拓第三方分发平台、玩转短视频产品等手段，进行了多样的立体化传播尝试，逐步强化客户端的品牌输出，扩大内容影响力。

2018年初，南方+客户端的“内容中心”更名为“内容运营中心”。虽然只增加了两个字，但“运营”二字的突显，体现了这个以省级党报为生长土壤的新闻客户端在内容理念上的巨大变化，折射出其在内容生产、包装、分发、效果反馈等传播链条以及品牌输出、塑造与强化等品宣环节观念上进一步的升级。

移动互联网的出现，使人们获取信息的方式发生了翻天覆地的变化。以往的信息受众化身为互联网用户，从单向的信息接收者变成主动的信息选择者。这意味着，任何可通过互联网进行传播的产品，其生死存亡可能仅在用户的一念之间。

南方+客户端是一个新闻产品，优质且有竞争力的内容是留存用户的核心资源。然而随着信息碎片化现象的逐步加剧，“酒香不怕巷子深”的说法已经逐渐失去说服力。移动互联网时代，获取信息的“道路”千万条，用户的注意力正在被急速分割。对于优质内容来说，酒香也怕巷子深。就算内容再好，如果缺乏“运营”，就可能沦为自娱自乐。

如何捕捉用户的“一念之间”？除了发挥南方+在主流政经报道等硬新闻上的优势，借助本端热点、爆点打造声势，更需要细水长流地构筑与强化自身品牌，持续扩大南方+的品牌影响力。南方+的口号是“创造更多价值”，只有当信息被有效获取，信息的传播才有价值。

在观念变化的驱动下，南方+客户端内容运营中心旗下的“第三方”内容运营小组应运而生。另外，也可以说正是因为这个小组的成立，才加速促成了内容部门的名称转变。南方+客户端内容的传播，从以往的生产、包装、发布的单性模式，逐步转换为生产、包装、发布、分发、运营的多线立体化传播模式。

一、积极开拓第三方平台，利用优质内容输出强化品牌形象

一段时间以来，对于是否对第三方平台输出内容，媒体内部一直存在争议。赞成的意见称可以扩大影响力，反对的意见则担心会沦为外部平台的“打工者”。这种争议直至目前仍在持续，并没有标准答案。但现实是，强势的传播渠道掌握在商业平台手中，想要在较短时间内做强做大影响力，除了苦练“内功”之外，“借船出海”也不失为一种选择。

（一）利用第三方平台提升品牌曝光度

2017年下半年，南方+客户端开始与今日头条、腾讯新闻、一点资讯等14个资讯平台逐一进行版权洽谈，以头条号、企鹅号、一点号等方式分别入驻各大平台，注册“南方plus客户端”账号并持续不断输出内容。同时，南方+与各平台内容推荐部门组建微信对接群，第一时间推荐原创优质内容，辅以大数据自动推荐。围绕此项工作成立专门的工作小组，称为“第三方”内容运营小组。

版权合法性的确立及运营人员的投入很快见到了成效。以南方plus客户端头条号为例，自2017年末入驻今日头条以来，已发布内容13万条，累计获得粉丝101万，周均引流1000万，为南方plus客户端带来持续广泛的曝光量。

南方plus客户端今日头条主页

（二）差异化内容输出，形成正向生产反馈

在网络监管严格化的背景下，新闻客户端将回归真实本质，开启品质提升。商业类新闻客户端对于原创优质内容存在天然的需求，而南方+依托南方报业传媒集团原创内容生产力与品牌背书，在流量平台上更能获得用户信任。

经过近两年的第三方内容输出探索，我们发现除了政经类硬新闻以外，社会属性较强的软新闻在外部平台也具有强大的传播力。依托南方日报主要部门与21个地市深耕本地的垂直资源，权威内容与本地突发能够获得迅速响应。

2019年，南方plus客户端便以“广州林和中路小车撞人事故”“深圳罗湖一小区楼坍塌”等社会突发类题材即时稿件、现场直播等内容多次进入今日头条媒体直播周榜前十。

通过第三方的内容需求与大数据反馈，以更大用户量的阅读需求为参考标准，推动生产端对内容进行从快从优的正向调整，人工推荐方向也不断适应平台属性，使内容获得更高效的传播，由此形成由外而内的生产机制，提升良性互动。

二、打造《粤暖心》品牌栏目，联动第三方弘扬正能量

弘扬正能量是党媒职责。2019年是新中国成立70周年，也是全面建成小康社会关键之年。在此特殊的时间节点下，2019年3月，南方+客户端联合南方日报成立跨部门全媒体报道团队，对内联动报网端微，对外联动第三方平台，以“汇聚正能量·传递粤温暖”为主题，开设《粤暖心》专栏（南方号），形成一个汇聚正能量的内容生产全开放平台，体现南方日报、南方+主动履行媒体责任的担当，并以此提升扩大影响力。

该栏目设置《粤温暖》《公益寻人》《职观》三个子栏目，稿件统一使用同一套UI包装，包括标题图、头图等，注重暖心品牌的塑造，利用第三方平台建立的立体传播优势，进行有针对性的分发。上线半年以来，《粤暖心》专栏已更新稿件208篇，实现日更，端内总流量超1000万，第三方总流量超2000万。

《粤暖心》公益寻人栏目

（一）挖掘暖心新闻，唱响正能量最强音

“开放生产”是《粤暖心》的关键词。一方面，发挥南方日报各生产部门自有的独特优势，集中暖心新闻生产资源，比如机动部重点关注机动性、突发性的动态报道，挖掘省内温暖题材的社会新闻；时政部社会工作室重点关注接近生活、饱含市井烟火气的社区帮扶、志愿者等故事，医疗工作室则从医生救死扶伤的生死时速、医患之间的温暖日常、医院便民措施等方面聚焦医疗领域温暖新闻，警务工作室着重挖掘保障人民美好生活岁月的铁汉柔情故事；对珠三角新闻部与地方新闻部，

则呼吁各地市记者有意识地主动发现社会温暖新闻，在日常工作中伸出敏锐的温度触角，把各式各样的暖心事或温暖瞬间留下并成文投稿。

另一方面，利用聚合平台的属性，用好南方+客户端6000个南方号的丰富内容资源，通过构建工作群、培养头部南方号的方式，形成“主动生产、推荐”原创稿件的氛围，对南方号中的“暖心新闻”稿件也进行重点运营。

通过广撒网、伸触角，深入扎根社会基层，《粤暖心》挖掘了各领域不少暖心鲜活故事。2019年8月19日至30日，结合“不忘初心、牢记使命”主题教育，南方+与南方日报创新主旋律宣传表达手段，联合推出《初心·幸福守护者》系列短视频纪录片，包括《快递小哥一个小时要打几个电话？答案出乎意料》《凌晨“暗中观察”环卫工人，我们有个惊人的发现》《开车绕地球赤道35圈，要花多长时间？》三篇人物短视频报道，以数字为线索，通过数据表现快递员、环卫工、出租车司机等平凡岗位上劳动者日复一日却又鲜为人知的辛勤劳作。

如在环卫工人的短片中，以“工作2小时弯腰2000多次”这样一段数据，让读者直观感知环卫工人工作的辛苦，展现基层党员为守护美好生活坚守“初心”的风采。

《初心·幸福守护者》系列三期视频刊发后，同步在端内外分发。截至2019年9月1日，全网总点击量超120万，主题宣传效果良好。

为庆祝新中国成立70周年，《粤暖心》栏目策划了一期聚焦老兵的人物报道《勋章的背面，是什么？》，专访3位老兵——抗日战争时期入伍的叶新、解放战争时期入伍的李枢、

《初心·幸福守护者》系列主题教育视频——环卫工人篇

新中国成立后加入空军的赵李成，从老兵讲述中感受新中国成立70年来的发展巨变。

报道推出后，《粤暖心》运营团队利用手中掌握的第三方平台资源优势，对报道进行多渠道分发展示，在端内外引起强烈反响，全网总点击量近50万，也成为南方+客户端庆祝新中国成立70周年系列策划中的爆款产品之一。

（二）搭建公益寻人平台，体现媒体责任担当

“寻人”是新闻报道中常见的关注焦点，不少社会机构和

组织也专注于此类公益行动。《公益寻人》子栏目创新公益形式，通过媒体的力量挖掘寻人过程中的温暖故事，提升社会关注度。

该栏目联合14个第三方平台、头条寻人绿色通道、政府民政部门、广州地铁、万名志愿者等，共同组成多方力量寻人平台，打通一个公益寻人的需求入口，建立长效的寻人模式。

以头条寻人为例。目前南方+客户端已与头条寻人达成寻人合作共识。南方+发挥媒体效用，对寻人信息进行报道，提升社会关注度。寻人成功之后，头条寻人将把相关信息同步给南方+客户端，以此实现信息的实时更新与动态发布。自《公益寻人》上线以来，已成功助力27名走失人员成功回家。

（三）职观人生百态，展现正能量奋斗故事

“美好生活是奋斗出来的”。南粤大地上，千千万万的职场人为美好生活奋斗，其中有催人向上的励志故事，有温暖人心的感人瞬间，也有不为人知的辛酸历程。

围绕庆祝新中国成立70周年这一主题，《职观》栏目通过一个个特别的职场故事，反映各行各业平凡人物的闪光点，以小见大，体现民众为家国繁荣、个人梦想奋斗的精神。自栏目上线以来，已经深度报道挖掘23个具有特点的人物故事，全网总点击量超500万。

该栏目以客户端编辑主导选题与脚本制作、日报记者合作完成拍摄的方式，结合时下各大新闻热点，包括“人工耳蜗丢失”“清明节”“汶川地震11周年”“2019毕业季”“香港局

《粤暖心》的子栏目《职观》

势”等新闻事件，完成系列人物报道，将《职观》打造为人物深度与热点时效兼备的特色栏目。

三、玩转短视频，正能量瞬间的千万流量可能

自2016年以来，抖音、快手、微视等短视频平台异军突起，成为新的流量聚集地。截至2018年底，全国短视频用户规

模已达6.48亿。以抖音为例，截至2019年8月，抖音的日活跃用户数为3.2亿，60%的用户拥有本科以上学历，主要集中在一、二线城市，90%小于35岁。可见，聚集了大批中高端用户的抖音平台，仍然有吸附流量的巨大潜力。

2018年6月8日，南方+客户端平台正式开始运营抖音账号——“南方plus客户端”（下简称“南方plus”）。通过一年半时间的运营，南方plus已经跻身为拥有百万粉丝的媒体账号。

截至2019年10月10日，南方plus抖音号共发布458条作品，获赞数超千万、粉丝102万，条均点赞数超2万。

（一）捕捉一瞬间情绪，画面、音乐、文案多重助推

设立抖音官方账号之初，我们将抖音视为视频内容的分发平台，但经过一段时间的实践，运营团队发现仅仅将客户端的视频成片剪短并发布到抖音，并不能产生好的传播效果，抖音需要专业平台化的表达，这其实是另一种形式的“分发”。

细细解读抖音的平台定位“记录美好生活”，以及大量浏览抖音爆款、顶级流量的媒体发布号内容，我们发现有一首抖音热门歌曲的歌词可以很好地概括抖音爆款的属性：“在一瞬间有一百万种可能”。爆款的出现很大可能决定于那“一瞬间”，这些瞬间还包含了强烈的情绪，通过音乐、字幕、文案的包装，将这些人性中动人感人的情绪放大到极致，就有机会获得爆款。

2019年元宵节，抖音值班编辑在客户端一系列元宵节庆稿件中，挖掘到一对基层民警夫妻执勤的暖心画面，随即发布视频《这是什么神仙爱情！佛山民警夫妻元宵执勤相遇，丈夫给

妻子递水，眼神好有爱》，配以当时抖音热门歌曲《一百万种可能》，不到10秒的视频后来获得1712万播放量、92万点赞。抖音小编将画面定格在民警丈夫为妻子递水的一刹那，顾“小家”也有“大爱”，一个瞬间包含双重感情，两者叠加，在节日氛围中戳中了许许多多用户的心。

2019年9月3日，南方plus抖音号发布了《深圳龙岗一位医生连做7台手术，累得靠墙睡了10多分钟》的短视频，获得27.4万点赞、超400万播放量。说是短视频，其实它仅仅是一张图片增加了放大动效与字幕。抖音编辑同样配以《一百万种可能》另一男声版背景音乐，简单的画面配上到位的音乐，也能引发广大用户情感共鸣。

（二）抓重点，善卡点，积累专门的抖音素材库

抖音是一个极度依赖感官愉悦性的平台，如何在短时间内让用户在视觉与听觉上产生愉悦？有几个关键点，重点信息突出、画面简洁明了、音乐动听抓人，曾有人调侃“抖音其实是一个音乐软件”，可见抖音对于音乐具有很高要求和敏感度。除了音乐，剪辑方式也尤为重要。短视频平台，与客户端常规的长视频属性不同，无法面面俱到，必须在几秒的时间内突出重点与亮点。

2019年9月28日，中国女排夺得十连冠，网络瞬间沸腾，纷纷为女排姑娘点赞加油。南方plus抖音号第一时间搜集十场比赛的精彩画面，以时下最火的卡点剪辑形式，重点突出女排姑娘比赛精彩瞬间，配以节奏感很强的背景音乐，在半小时内迅速输出了一条卡点视频《全程高燃！中国女排十冠王，庆祝新

中国70华诞的最赞献礼》，获得694万播放量、66.8万点赞，被收入当日抖音热门榜单。对于这样一条本地贴近性不是很强，但热点属性与情绪性很强的内容，传播效果甚至超过了很多专业媒体，从各大媒体内容中脱颖而出，这源于抖音编辑对于同类题材适用展现形式的快速判断与日常音乐素材的持续积累。

2019年8月31日，广州海心沙999架无人机拼出国旗画面，抖音编辑迅速反应，选用恢宏大气的背景音乐，发布《我爱你

《我爱你中国！广州999架无人机点亮国旗》播放量超3300万

中国！广州999架无人机点亮国旗》视频，配以文案“今晚广州的夜空，很硬核！为我们的阿中哥哥打call”。通过文案的仔细打磨来引发用户共情，文案中“我爱你中国”“硬核”“阿中哥哥”“打call”一方面采用了年轻用户常用的网络语言；另一方面也结合临近国庆的氛围堆叠爱国情绪，最终视频获得3769万播放量、214.3万点赞，成为南方plus抖音号首个破200万点赞的视频。

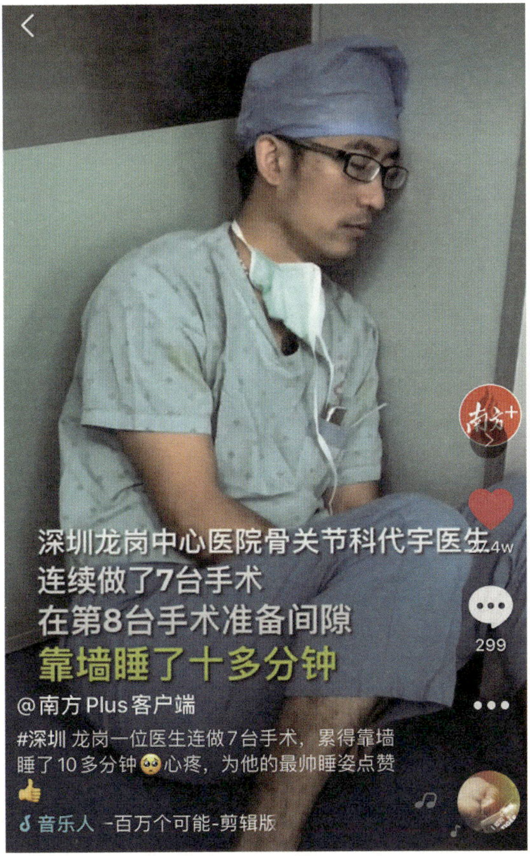

《深圳龙岗一位医生连做7台手术》抖音获赞超27万

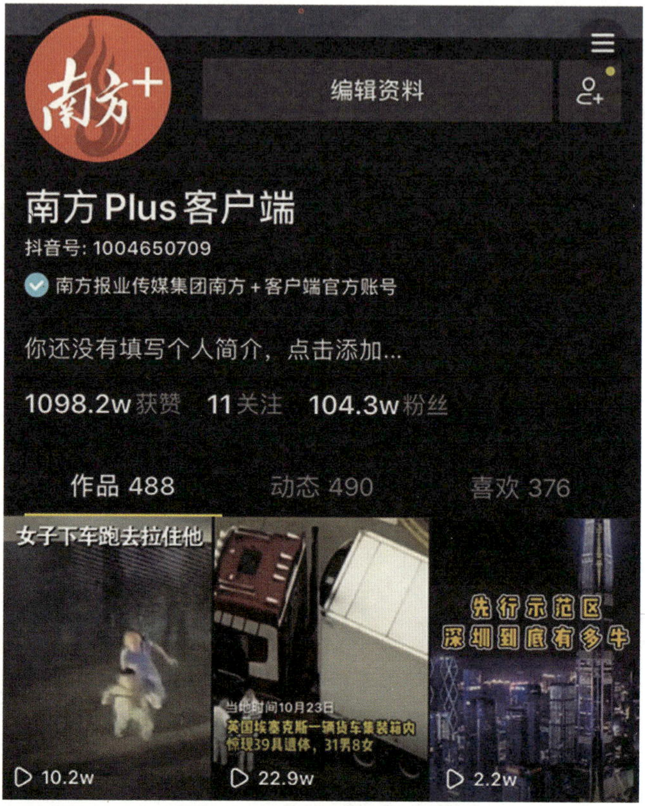

2019年国庆期间，南方plus抖音账号粉丝突破一百万

（三）反应迅速，抓活鱼抢时效，从生产源头抓爆款

打造爆款要“从头抓起”，仅仅依赖于即时发生的突发新闻，抖音平台内容的丰富程度是远远不够的。在生产源头及时接入，有利于抖音视频的及时生产，为传播争取有利的时间空间。

8月3日上午，一场“生命的接力”在中山市人民医院进行，心脏器官捐献和移植手术分别同步开展，成功实行了“换心”手术。南方日报、南方+记者对这一过程进行全程直播，并发挥报端联动机制，南方plus抖音号同步跟进，发布相关内容《#中山“我的生命在你身上延续”看完心脏移植手术全程，一颗心重新跳动》。

手术当天，抖音编辑全程跟进了直播进程，并在直播结束后，根据前方素材及时剪辑，结合抖音平台传播特点对配乐、镜头安排以及文案呈现精细打磨，剪辑出26秒抖音视频，展现了鲜为人知的换心手术全过程，成为南方plus抖音号的独家内容。该短视频一经发布便引发广泛传播点赞，最终播放量超1113万次，获赞数47万。这也说明，爆款产品都要“从头抓起”，从策划伊始就着手准备，而不能等到稿件成型再考虑新媒体的传播形式。

10月1日，国庆70周年大阅兵当天，抖音编辑也从直播开始前就逐步积累素材，同时选好合适的剪辑模板与音乐，当阅兵分列式结束的时候，第一时间剪出卡点视频《这不是复制粘贴！这是大阅兵》，该视频播放量超千万，获赞数超106万，再造南方plus抖音号爆款。

（作者时任南方+内容运营中心高级主管）

社交语境下如何做好政务传播
——以广东发布为例

□陈夏霓

摘要：社交语境下的政务传播，更需产品用户思维。运营人员需要主动积极地研究受众需求，在职能范围内按时生产和发布“产品”，并想方设法把“产品”推销出去，提高“产品”的影响力。

2019年，微博进入第十年，微信公众号也有七年“历史”了。近几年来，新媒体发展迅猛，队伍也日益庞大，其中有一股不可忽视的力量，那就是政务新媒体。2018年底，国务院办公厅印发的《关于推进政务新媒体健康有序发展的意见》指出：到2022年，要形成全国政务新媒体规范发展、创新发展、融合发展新格局。这意味着，政务新媒体将迎来更广阔的发展空间。

微信、微博等新媒体平台最初作为社交工具，决定了它们所在的语境是一个社交语境。在这种语境下如何做好政务传播，也是我们这些年一直在不断探索的问题。广东省政府新闻办官方微信公众号“广东发布”自2014年上线，一直坚持精细化运营，深耕优质内容，不断引进新技术，尝试新玩法，扩大政务信息的影响力和传播力。5年时间里，一直稳居全国省级发布号前三，为全国政务新媒体提供了可借鉴的样本。由南方+客户端运营之后，更注入了南方报业的优质原创内容，有望形成政务传播的新样板。

一、精细化运营下，政务传播离不开的产品用户思维

当前的社交语境对新媒体运营能力提出了更精细的要求，不仅要侧重与用户的交互，生产的内容也需要符合这个圈层受众的喜好，这样才能提高在所属圈层的渗透力。为了满足这种要求，需要把政务新媒体当一个产品来运营，围绕用户的真实需求进行产品的规划设计。产品化运营的模式下，编辑其实相

当于“产品经理”，需要主动积极地研究受众需求，在职能范围内按时生产和发布“产品”，并想方设法把“产品”推销出去，提高“产品”的影响力。

想要实现政务新媒体的产品化，明确定位是不可缺少的一步。每个政府部门的职能不一样，其新媒体平台的定位自然

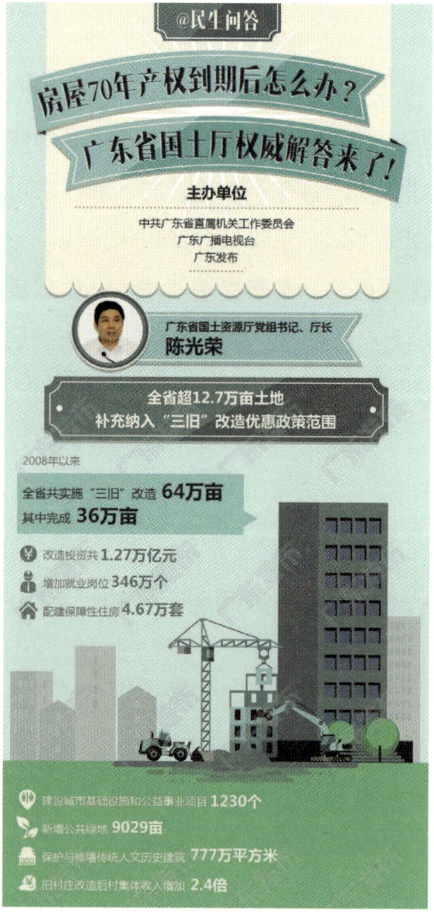

图解新政

也有所不同。目标是什么？主要受众是哪些人群？需要形成什么样的风格？这些都是早期需要考虑的问题。比如广东发布，这些年来一直以“政府的微发布，百姓的微生活”为座右铭，既要及时进行权威发声，也要做好民生服务工作，及时引进便民服务功能。一方面要挖掘权威信息，做好一手消息发布；另一方面要提高原创策划的力度，如果长期以转载为主，平台特色就会逐渐淡化。其次，根据目标人群确定平台风格也至关重要。广东发布的受众以广东省内26—45岁的人群为主，所以，除了立足当地发展特色，加强本地化权威、实用的信息推送，选题和语言风格也应该符合这个年龄段人群的阅读习惯，软硬适中，稳重而又不失活泼。在当前的社交语境下，推进政务公开也需要适时转变话语体系，以方便受众理解的方式展示会获得更好的传播效果。如果将公文式表达直接搬到新媒体平台上，内容深奥难懂，不仅难以吸引用户关注，宣传效果也堪忧。广东发布在处理一些复杂的政策解读时，通常以图解的形式呈现，使用“网言网语”或口语化的表达，尽可能让网友“一图读懂”。最后，为了让“产品”呈现出统一性，风格和传递的价值观保持前后一致，虽然是团队运营，但广

广东发布的卡通人物形象广仔

东发布也始终以“广仔”这一卡通人物形象统一出现在网友面前。“广仔”这个形象也成为广东发布快速吸引用户注意力的有力武器，网友在后台留言就像跟自己的朋友在聊天一样，拉近了双方的距离。

这些年，随着互联网的快速发展，政务新媒体成为政府和群众交流互动的主要平台，也是政府贴近群众、服务群众的重要渠道。新媒体要满足“时度效”的要求，必须确立用户思维。简单来说就是站在用户的角度来思考问题，即换位思考，通过互动或大数据分析等方式深挖用户的真实想法，做用户之所需，解用户之所困。为了让网友关注一个微信号就能一键办理多项政务业务，广东发布这些年陆陆续续接入了天气、公积金、社保查询等近200项便民服务，在方便民众的同时，也极大提升了用户黏性。每天还会有专人梳理和回复网友留言，并同有关部门建立沟通机制，一些具有代表性、针对性的个例则通过《广仔问不倒》栏目定期答疑解惑。

二、深耕优质内容，为传播力赋能

政务新媒体既是媒体，又超越了媒体范畴，既应有政务属性，也该有媒体属性，两者不可或缺。特别是有突发消息的时候，政务号的媒体属性要进一步凸显，推送要做到又快又准，时效性基本上和传播能力是成正比的。当前的信息错综复杂，民众的注意力也容易被杂音吸引，政务新媒体如能通过官方渠道，获取并发布第一手信息，逐渐就会树立起在群众心中的权威形象。2019年以来，广东发布进一步加强和权威媒体南方日

广东发布栏目化运营

报联动，实现优质的内容资源互通，及时获取一手信息。2019年广东高考期间，这种联动机制就发挥了应有的作用，广东发布在放榜当天第一时间推出分数线，速度比当地许多媒体都快。2019年“龙舟水”期间，广东发布编辑部与南方日报前线记者无缝对接，及时公布暴雨动态，发布预警及服务信息，12小时内单条微信阅读量近200万。10月广西玉林地震后，广东多地有震感，引发广泛关注。广东发布及时发布地震信息并对余震谣言进行澄清，获得10万+流量。

此外，目前微信内容的同质化现象非常严重。这种情况下，除了保证创作角度新鲜和有效地蹭热点，栏目化运营也是值得提倡的做法，一方面可以提高平台的原创力和“存在感”；另一方面也可以帮助运营者梳理内容，明确定位，还可以帮助用户作决策，降低他们的选择成本。《民生问答》是广东发布2015年推出的第一个栏目，邀请相关政府职能部门负责人以在线访谈的形式回应热点。《房屋70年产权到期后怎么办？广东省国土资源厅权威解答来了！》《养老保险缴满15年还要缴吗？这些政策不知道就亏大了》等民生相关题材，单篇阅读量皆突破10万。为扫清网络医疗流言误区，给网友普及权威的医学知识，2017年底，广东发布又策划推出《医问医答》栏目，与省内多家大型公立医院形成稳定的联动发布机制，针对牙齿矫正、痛风等民众关心的话题进行科普讲解，提供预防或自查小贴士，皆受到网友的广泛喜爱。

近两年，微信公众号等新媒体平台又回到了内容的红利期，内容生产会趋向于规范化。新媒体也已经过了野蛮生长的阶段，不再是随随便便发一篇文章就能10万+了，未来有深度的内容或许会更受欢迎，这给政务新媒体内容生产和策划能力又带来了新的挑战。为此，广东发布在主题报道策划上进行了一系列的尝试。为庆祝新中国成立70周年，广东发布以城市形象为切入点，耗时近一个月策划推出的《为什么是广州？》等21地市宣传系列，通过航拍等多样化的新媒体形式展示广东魅力，让更多的网友关注广东、了解广东、认可广东，成功吸引了诸多地市网友的眼球，引发他们疯狂为家乡打call，燃爆留言区，屡获10万+。而在国庆70周年前夕推出的《广东，红了》更是引发网友爱国情怀的共鸣，获得10万+流量。值得注意的是，该组主题报道的部分内容便是来源于南方+客户端的《70秒云上瞰广东》，由此形成了主题策划的同频共振。

为什么是中山?

为什么是潮州?

为什么是佛山?

《为什么是广州？》等21地市宣传系列

三、拥抱新技术，创新传播技术手段

2019年是5G开启的元年，新媒体或成为最先被5G改变的行业。技术进步带来了红利，流动速度更快，传递的信息量也更大，传播者与受众之间的互动更加顺畅，这也给政务新媒体的发展带来了机遇。机遇之下，必有挑战。政务新媒体必须时刻掌握互联网时代的传播规律，充分利用最新的技术优势，不断创新、丰富表现形式，这样才能让内容更大范围地传播，更精准地抵达用户。2019年7月，南方日报将报纸与AR结合起来，让版面“动”起来；南方+尝试VR直播，360°航拍丹霞山，开渔节拍摄万船齐发的场景，效果都让人惊艳。随着5G技术的发展，这些产品会越发成熟，未来也会尝试逐步运用到广东发布等政务新媒体中，为用户提供沉浸式、代入感更强的体验。

政务新媒体因其属性使然，形式上往往会相对中规中矩，但要想获得较强的传播力，仍须大力尝试形式创新。这几年技术的变革也为短视频的发展打开了空间，“会动”的信息会更

毕业典礼Vlog

受关注，政务领域也不例外。为紧跟短视频这个风口，广东发布多次尝试一些新玩法。比如，模拟“网红”直播的形式带网友看珠海航展；两会期间，作词作曲，推出正能量电音主题曲等系列视频产品，一经推出即受到广泛好评；毕业季期间，还尝试了Vlog的拍摄制作，通过独特的场景展现，用接地气的语言真实地表达毕业生当下的感触，通过主观镜头将“毕业典礼时间”分享给受众，增加了传播的真实感和受众的参与感。

这些年，政务新媒体得益于互联网技术的发展，进步迅猛，在推进政务公开、加强舆论引导和政民互动等方面发挥着越来越重要的作用，但在一些传播实践中也遇到了不少问题。总的来说，是机遇与挑战并存。政务新媒体未来还有十分广阔的空间，政务传播任重道远。

（作者系南方+客户端内容运营中心高级编辑、广东发布编辑部高级主管）

下篇：经典案例·创意发展

深融合带来全国两会“热”传播

□张西陆

2018年全国两会报道期间，南方+客户端突出核心意识，充分展现报网端深度融合优势，启动微视频、H5、原创图文等多条新媒体生产线，打好“组合拳”，使新媒体产品做到“融、新、深”。

为使两会主旋律更响亮，南方+客户端生产了《两会TALKS》《2018全国“两会”学习日记》《总书记寄语广东“四个走在全国前列”有何深意？》《你好，2018政府工作报告民生大红包，了解一下？》等多个新媒体爆款。

截至3月20日，南方+客户端“新时代新气象新作为——聚焦2018全国两会”大型新媒体专题，专题发稿量超400条。初步统计，南方+客户端2018年全国两会专题点击量已超300万，新媒体产品全网点击量超过6000万。

《你好，2018政府工作报告民生大红包，了解一下？》

一、围绕中心，融媒体产品突出核心意识

众所周知，我们现在身处Web3.0时代。“Web3.0时代”即场景媒体的形态，媒体的边界在不断扩张。而“媒介”与“信息”融合的目的是为了给每一个“信息”找到最佳的传播方式，文本信息、图表、照片、音响、视频之间能相互配合、互为补充。

2018年3月7日，在习近平总书记参加广东代表团审议后，南方+客户端在原有的“新时代新气象新作为——聚焦2018全

《2018全国“两会”学习日记》3D动画首页

国两会”大型新媒体专题的基础上，增设“沿着总书记指引的道路奋勇前进——学习习近平参加广东代表团审议重要讲话精神”专题。

两个专题从不同维度报道解读两会内容，将总书记的重要讲话精神、要点摘录突出呈现，集纳大量的原创新闻报道，全方位多维度展现了广东如何迅速学习习近平总书记的重要讲话精神，如何自觉地以习近平新时代中国特色社会主义思想为指引，真抓实干，在南粤大地结出丰硕成果的画卷。

在3月7日习近平总书记参与广东代表团审议消息一出当晚，南方+客户端便首发2018年全国两会特别策划《两会TALKS特别版|总书记，广东人民对您说……》微视频，多路记者采访广东群众想对习总书记说的话，结合广东团代表心声，充分展现广东人民对领袖的拥护爱戴，反应快、效果好，在朋友圈引发“刷屏”效应，掀起宣传热潮。

《两会TALKS特别版》高唱主流声音之余，采用3D技术的H5产品《2018全国“两会”学习日记》也第一时间更新了图文视频并茂的展示页，浓墨重彩地展现总书记参与广东团审议的风采。

原创稿件也在不停创新传播形式。当天由客户端先后推出的南方日报19版重磅策划新媒体结集《值得收藏！南方日报推出〈沿着总书记指引的道路奋勇前进〉大型系列报道》《收好这张思维导图！一起学习习总书记在广东团的重要讲话精神！》就通过大热的原创思维导图，还原习总书记重要讲话的核心内容。

除了H5产品和原创稿件形式的丰富，还密集推出了一系列新媒体产品，如：网评+微视频《总书记寄语广东“四个走在全国前列”有何深意？》、原创漫画《老广给总书记打什么Call？看看这辑漫画就知道》等，充分体现广东干部群众牢记总书记嘱托、开拓奋进的精神风貌和对领袖的拥护爱戴，掀起学习宣传高潮。

二、发力微视频，3分钟让主旋律“更新鲜”

媒介技术的迅速变革不断延伸了人的视觉与听觉，改变了以电视为主导的大众传播时代的新闻需求，新媒体技术的发展增强了人们置身新闻现场空间的亲近感与卷入度，无论是形式还是内涵都朝着更为人性化的方向发展。集趣味性、直观性、互动性等优势于一体的“可视化报道”，成为两会报道的主流。

在2018年全国两会上，南方+客户端融媒体更着重在创意和内容的契合度上发力，深挖内容的表达方式，考虑用户体验，更加强调形式为内容服务的理念，输出高质量、传播力强的新媒体产品。

2017年，形形色色的短视频APP和产品已经吸引了无数关注，短视频的风口已然成型，而新闻的短视频趋势也正在形成。新闻受众的阅读习惯从静态的图片文本转化为动态的影像和对虚拟技术的视觉消费。

此风口下，微视频产品应运而生，成为了本次报网端全国两会产品规划的一大亮点。其中，南方日报、南方网、南方+重磅打造的时政类脱口秀短视频节目——《两会TALKS》第二季成功上线，打造出了政经类爆款视频产品。

上述节目聚焦全国两会现场热点和广东改革开放发展成就，在大数据动画、视频采访等表现方式的配合下，选准话题，从广深创新走廊、粤港澳大湾区、广东沿海经济带，以及习总书记参与广东团审议等话题切入，用详实的案例和数据，展现广东风采。同时，为了丰富节目的内涵与层次，开放话题讨论，让与会代表委员们就热点话题畅所欲言。《两会TALKS》在南方+首发，经腾讯视频、秒拍视频等推送，全网点击率突破5000万。

在新闻可视化的转变浪潮中，南方+客户端在不断创新“可视化”的表现形式和表现技巧。南方日报、南方网、南方+客户端联合推出了《两会时间》《南方会客厅》栏目，共推出近20条短视频新闻。其中，《两会时间》由南方日报记者从现场传回现场视频，后方经南方+客户端、南方网视频编辑把关之后，精心编辑为两分钟以内的现场短视频新闻，及时反映两会鲜活现场。而《南方会客厅》则已邀请近20位代表委员做客全媒体

《两会TALKS》节目

《南方会客厅》

演播厅，设置热点话题讨论，让参加两会的代表委员们就热点话题畅所欲言，展现全国两会开放自信的姿态。

三、资源互通，融合共生模式深入推进

媒体融合的过程中，人的融合、机制的融合是至关重要的一环。2018年全国两会报道中，南方+客户端与南方日报、南方网强强联手，前方后方近40人团队紧密合作，有效联动、融合发力，全方位、立体式地报道了大会的盛况，同时利用全网分发渠道，实现互联网快速精准传播。

报网端合力创新传播形式，南方“网红名记”组团生产新媒体爆款产品。脱口秀短视频节目《两会TALKS》，由南方“网红名记”赵杨出镜解说，“大数据动画+代表委员视频采访+南方名记脱口秀”，聚焦热点话题。上文提及的《两会TALKS特别版》，便是在3月7日总书记下团当晚就制成推出，后方20

多名记者奔赴广深佛珠四地街访，结合广东团代表心声，第一时间展现广东代表、群众“学习贯彻落实习近平总书记重要讲话精神，沿着总书记指引的道路奋勇前进”的决心。

3月5日，国务院总理李克强作政府工作报告，近2万字的报告干货满满。为了做好政府工作报告宣传报道，南方+客户端与“南方网红”肖文舸连夜赶制真人直播答题H5《你好，2018政府工作报告民生大红包，了解一下？》，于3月6日早上推出。

作为脉络型梳理报道，该产品采用了直播答题的潮流形式，结合网红脱口秀、高端访谈、大会现场原声传递等表现手段，从大量的政府工作报告解读产品中脱颖而出，在社交媒体引发刷屏效应，收获良好的传播效果。

（作者系“南方+”客户端内容运营中心副总监）

创意融媒体产品如何唱响唱好主旋律

——以南方报业打造的广东医生主题歌《相信》为例

□曹斯　戎明昌

南方报业传媒集团自推出南方名记者培育工程以来，以打造主流网红名记为手段，以工作室为制度，持续推进媒体融合发展，取得明显成效，生产出一批唱响主旋律、正能量，群众反响佳的新媒体产品。2018年8月19日首个中国医师节，深耕健康垂直领域的曹斯南方名记工作室联合广东省卫生计生委与广东各大医院推出的广东医生原创主题歌《相信》，在全国众多医师节融媒体产品中脱颖而出，成为又一爆款融媒体产品，受到国家卫健委、央视《新闻1+1》栏目、人民日报客户端等行政部门和主流媒体平台重点关注，影响力覆盖千万人次，并获中宣部阅评表扬。

一、充分融合记者专长与产品创意，打造个性化精品

在全国数百万医师迎来首个中国医师节之际，怎样的融媒体产品才能达到入耳、入眼、入脑、入心的效果，产生成风化人的力量？全国各大媒体均有不同探索：人民日报推出《尊重医师，就是尊重生命》宣传短片，央视新闻推出《走进中国医

央视《新闻1+1》栏目对主创团队及歌曲进行了重点报道，图为直播连线采访记者曹斯

师》数据图，中国新闻网推出《医师是怎样炼成的》漫画……

曹斯工作室则选择联手广东省卫生计生委以及广东医生的代表推出原创歌曲《相信》。主创团队致力于寻找记者能力专长和产品创意的“融合点”，打造个性化精品，在一开始便明确了产品形态——由记者谱曲，写一首针对该职业群体的强信心、聚民心、暖人心的音乐作品，用原创歌曲及音乐视频来承载广东医生的形象和心声。这一“跨界”探索并非突发奇想。2018年7月，曹斯工作室已将广州公益心理救助热线020-81899120写成一首原创歌曲《81899120》，呼吁全社会关注心理健康。仅在歌曲首发次日，南方报业的媒体平台便有超百万点击量。歌曲音乐视频随后在广州地铁播放14日，以官方公布的日均客流量750万人次计算，影响力覆盖上亿人群，有效引导了热点，传递了正能量。

然而要在首个中国医师节为20余万广东医生写专属歌曲，主题的设定至关重要。美国传播学家拉扎斯菲尔德曾提出“选择性接触”理论，在当今网络的信息洪流之下，人们往往也只选择关注他们关心的话题。基于多年深耕医疗卫生垂直领域以及做过大量医患关系报道的积累，曹斯工作室锁定了“医患互信”的主题，并将歌名定为《相信》，巧妙聚焦社会现实和热点。与之类似，深圳《晶报》在2018年护士节推出短视频《戏精女护士》，以“吐槽”的方式表达护士群体的真实诉求，同时又展现了其积极向上的精神面貌，也成为“刷屏”的爆款。可见，致敬一个职业群体并非要采取歌功颂德的表达方式，关键在于吃透其最真实、迫切的诉求，方可直抵人心。

为在歌曲中进一步突出主题，主创团队在借助歌词直接“传情达意”的基础上，还通过视听元素为产品注入更多内涵。如，音乐视频收录了35张广东医生的纪实照片，既展现了广东医生在抗击“非典”等重大战役和援藏、援非等天南地北广东医生的风采，也定格了不少医疗一线日常生态中医患共同对抗疾病的感人镜头，让广东医生的共同记忆引发群体共鸣；主创团队还在片尾邀请了一名医生和小患者回答医患关系之问。医生在白板上写下答案“战友”，小患者擦去医生写的“战”字，在“友”字上加以补充，写成一个新的字——“爱”，可谓主题的点睛之笔。

二、充分考虑目标受众关注重点与表达诉求，打造深互动产品

在个性化需求、自媒体传播的新媒介环境下，融媒体产品的参与性与互动性往往是其获得更广泛关注的“筹码” 之一。《相信》精准瞄准了广东医生这一目标受众群体，却没有将他们简单地视为“报道对象”，而是充分考虑他们的关注重点与表达诉求，让医生在医师节的融合产品中当主角，深互动。

2018年8月19日，歌曲在南方+客户端首发，一日内流量突破82万，在广东医疗界引起反响

首先，主创团队通过“南方+广东医生”新媒体矩阵发起歌词征集，从广东医生代表中凝练出歌词内容，融合了从医感受、医学生誓言以及特鲁多格言等要素。由于医生深度介入，使得歌词字里行间勾勒了一幕幕他们熟悉的场景：“我是你战友”，这是医生常对病人说的话，代表着医患并肩共同对抗疾病；“柳叶刀”代表西医，“针指头”指向中医；“健康所系、性命相托、大医精诚”则是中西医的共同誓言。歌词征集的方法类似于UGC（用户生产内容），既能借助外部力量创新生产流程，为产品注入集体、多元的内容，也能与用户形成深度互动，拓宽影响力。

其次，在产品呈现上，医生也充分“在场”。四名演唱者中的三名是来自一线的广东医生。他们身穿白大褂，以最普通的医师形象面对镜头。此外，制作团队还请到中国工程院院士钟南山、抗乙肝“泰斗”骆抗先、神经学“大咖”梁秀龄三位年逾八旬的重量级行业代表出镜为广东医生代言，其中钟南山院士说出了医者心声：病人的信任是医生最大的动力。

《相信》融媒体产品传递出来的医生形象和心声具有代表性与普遍性，产品与广东医生的深互动其实也是在与更广泛的医生群体深互动，因此歌曲在全国引起了该职业群体的共鸣。值得注意的是，这种互动性不仅针对医生群体也针对普通受众。其一，医患关系是全社会的共同关注点。歌词以第一人称写就，如“我最害怕你不愿意相信我，独自面对病痛的折磨”，再现医生面对患者说话的场景，让非职业群体也具备了参与感。其二，产品在传播过程中与受众也有即时互动。歌曲音乐视频在南方+客户端首发推送后，很快有网友在评论区询问

演唱者四人中有三人是广东医生，充分体现了该职业群体在《相信》融产品打造过程中的深度参与

歌词，创作团队立即进行了补充，满足了用户诉求。

互联网的特点之一是互联互通，将过去分散的社会资源和要素激活，成为新的价值与新的力量。“南方+广东医生”新媒体矩阵本身就是一个汇集医疗信息资源的新媒体平台，曹斯工作室充分利用资源，与广东医生群体形成合力，创造了单靠媒体力量所无法实现的价值。这种创意互动的融产品生产思维也被应用在南方报业传媒集团主办的 “厉害了，我的校！”2018年广东高校形象微视频大赛中。大赛从40余所高校中征集到333个参赛作品。活动主创团队创建了专门的南方号，将这些参赛视频化作推送内容，为南方+客户端带来了大批流量，同时最后汇集各高校片段的形象视频也成为精彩的融产品。活动在广东高校中引起广泛关注与互动，比赛网络投票总数逼近200万。可见，要打造爆款融产品，明确目标受众，具备从受众角度出发考虑问题的互联网思维至关重要。这不仅能锁定用户关切，也能满足其互动诉求，从而更好地实现深度互动。

三、充分把握传播引爆点和影响力时间线，形成多波次高潮

引爆网络持续关注的融产品的传播往往不是单次性，而呈现出多波次的特点，在产品影响的空间与时间上更具有广泛性与生命力。

《相信》的传播充分把握了引爆点和影响力发酵的时间线，呈现出有节奏多波次传播的特点。其在线上平台传播的第一波是医师节当天，原创音乐视频在南方+客户端平台首发，一天便收获超82万的阅读量，影响力初步释放；第二波是歌曲发出的一天内，被人民日报、腾讯网、国家卫生健康文化推广平台、广东发布等超过500个网站、APP、微信公众号转载，全网共振。其中，人民日报客户端阅读量在3小时内突破百万；第三波是歌曲播出次日晚间，央视《新闻1+1》栏目留意到网络上关于歌曲的报道，对词曲作者和演唱者代表进行了连线采访，又一次激起全网关注高潮，影响力在全国范围内进一步辐射；第四波，歌曲陆续上线QQ音乐、网易云音乐、音悦Tai等音乐类平台，不断流行起来。

《相信》在线下的传播也使其影响力不断叠加、扩散、释放：《南方日报》在2018年8月20日的报道中介绍了歌曲创作过程并刊发歌曲音乐视频二维码导流；歌曲先后于广东省医生群体相关活动、广州市公共区域数块LED屏幕、广东省各大医院的

LED屏幕上播放，影响力覆盖超千万人次。

在这个传播过程中，《相信》踩准了网络传播规律的“拍点”，因时而动、顺势而为。首先在首发节点上，《相信》推出紧扣首个中国医师节这一重要由头；其次在平台推进上，歌曲在大众主流媒体、垂直领域媒体、音乐平台、线下平台及公共场所等线上线下平台全面共振；再次，主创团队紧密跟进歌曲发布后的反响，持续推出新报道。如歌曲发布次日，团队注意到全网涌现了多个医师节短视频，便将《相信》纳入其中，在南方日报健康垂直领域公众号“南方名医帮”做了集合推送；歌曲经央视报道后，团队又快速反应，结合网友反响，在南方+、《南方日报》上进行了报道，并再次导流关联歌曲音乐视频。可见，从发布、推进到效果监测与反馈，均需要巧妙把握，密切关注，方可聚合影响，放大效应。

多波次传播、有节奏推进、全方位共振的传播路径也是南方名记团队生产爆款融产品的共性之一。如李强南方名记工作室于2018年6月牵头推出的“宝贝回家”系列全媒体报道便有着相似实践与探索。该系列报道聚焦救助流浪儿童问题，通过公益短视频、图文报道元素等 “强势刷屏”。如2018年6月28日，公益歌曲短视频《最好的未来》在南方+客户端首发，紧扣“6•30广东省扶贫济困日”重要节点，立即形成第一波传播热潮；第二波，6月29日—7月6日，陆续推出4集短视频，报道流浪少年儿童的寻亲之旅，南方报业传媒集团旗下各媒体和新媒体平台迅速跟进推出报道，省内外重点新闻网站和新媒体平台纷纷转发，大范围持续扩大影响；第三波，6月30日—7月2日，南方报业传媒集团联合广东省三大通信运营商，陆续向珠三角城市主流手机用户推送系列公益短视频；第四波，7月7日—8月7日，在广州地铁各站厅和列车电视上循环播出该系列公益短视频，进一步在全社会广泛传递正能量。

无论是《相信》还是“宝贝回家”，这类刷屏的融产品往往因多波次传播和全方位共振，比“一过性”的新媒体产品有着更强的生命力。往深一层是因其具有汇聚民心、成风化人的生命内核，具备融合了现实意义与社会意义的大众关注属性，方可反复发酵，被人不断重温。

（作者曹斯时任南方日报时政新闻部科卫工作室主任，主任记者；戎明昌时任南方日报社编委、时政新闻部主任，高级记者）

从重大报道看南方+融媒产品如何开创传播新局面

□张西陆　梁文悦

2014年，“媒体融合”被正式提升为国家战略，这也是关乎传媒行业前途命运的重大课题。不少学者认为，2017—2018年堪称中国媒体融合进程中极其重要的关键节点。

2019年1月25日，习近平总书记在十九届中共中央政治局第十二次集体学习时谈道：“要加快推动媒体融合发展，使主流媒体具有强大传播力、引导力、影响力、公信力。”

近年来，南方+客户端一直秉承着“围绕中心，服务大局”的理念推进深度融合、创新传播方式手段，身体力行地践行着总书记“让正能量更强劲、主旋律更高昂”的要求，特别是结合全国两会、改革开放40周年等重大节点，通过报网端融合生产，以一大批优秀的产品和创意，助力展现南方报业传媒集团媒体融合发展取得的重要成果，更展示报网端融合发展进程中改革创新的能力与收获。

一、全新升级：南方报业融媒体中心3.0建成启用

优质的融媒体产品，背后是报网端一体化融合发展的支撑。2019年伊始，南方报业传媒集团功能全新升级的融媒体中心3.0建成启用，报网端编辑部、技术产品研发部门等在同一个

物理空间合署办公。以此为契机，南方日报与南方网、南方+客户端等党媒宣传平台进一步推进深度融合，强化导向把关，有效实现管理扁平化、功能集成化、产品全媒化，加快“主力军挺进主阵地”。南方+编委会、报网端音视频部、产品研发中心……一系列的“组合拳”，将报网端一体化融合推上新的台阶。事实上，2019年的全国两会就是南方+编委会成立后的第一场重大战役，在前后方的共同努力下，取得了良好战绩。在此期间，编委会机制发挥了重要作用。

二、重大节点：立足爆款产品，垂直深耕有新意

媒体融合不应只把眼光局限在自身平台，要突破局限去寻求更多有价值的连接点，拓宽传播渠道，让高品质的新媒体创意产品进一步走出去。

2018年，我国迎来改革开放40周年。作为广东省委、省政

《一分钟看40年》

府移动端权威信息发布平台，南方+客户端策划推出一系列重磅融媒体产品，涌现了《城市24小时》《一分钟看40年》《60秒看广东经济》《来了就是广东人》《广东，将改革开放进行到底》等29个融媒体产品，为庆祝改革开放40周年创造和谐的舆论氛围。

其间，南方+客户端牵头制作发布“城市24小时”系列短视频，以习近平总书记视察过的珠海、清远、深圳、广州四地为城市蓝本，通过大量的延时镜头、饱满充盈的短句文案、详实的数据和别具一格的叙事方式，用两分钟从不同角度展现了4个城市不同的24小时全貌，解读城市发展密码。

该系列短视频发布的同时，还配合抖音、微视平台推广竖屏30秒短视频，且在多个城市的重要地段LED户外大屏上轮播，形成全方位传播效应，成为城市形象视觉传播的“爆款”产品。

2018年7月1日，结合“七一”党建宣传需求，新媒体实验

《唱支RAP给党听！祝您生日快乐！老广们，党建走起》

《大湾区TALKS》

室与南方日报时政部合作，制作《唱支RAP给党听！祝您生日快乐！老广们，党建走起》RAP短视频，不仅点赞广东党建工作成效，还唱响广东“两新”组织党建发展亮点。

这支党建RAP短视频经南方+首发，在南方日报两微、今日头条、腾讯、一点资讯、大鱼网等新媒体平台关键位置推广，很快便引发强烈的社会反响，广东省网信办推动全网转发，并推荐中央网信办。该短视频仅端内阅读量便突破12万，且产品从创意策划到成品出街，仅用时7天，再一次充分展现了报端深度融合的活力。

重要节点有亮点，创新“微海报”传播形式。2018年9月，台风“山竹”袭粤。南方+客户端充分发挥“权威信息+新媒体传播”的优势，创新策划“防台风微海报”。9月14日18时，广东省防总将防风III级应急响应提升至II级，南方+立即推出了第

《逐梦新时代》——南方报业2019全国两会主题MV

一张“防台风微海报”。之后在各重要节点，南方+客户端都几乎跟着发布时间推出了“微海报”，让权威信息第一时间通过新媒体平台和社交网络触达全省公众，起到稳定民心的作用。

三、全国两会：专注品质内容，适应分众化需求

2019全国两会报道，南方+客户端坚持正确舆论导向，强化核心意识，突出思想指引，传递时代之声，充分展现报网端深度融合优势，启动微视频、3D动画、H5、原创图文等多条新媒体生产线，两会报道出新出彩，融合报道精品迭出，全面反映广东代表委员履职风采，唱响广东好声音。

融媒时代，新闻生产节奏加快，慢工细活似乎变成了一种奢侈。但回顾2019年全国两会报道发现，只有以匠人之心反复雕琢的，方能成精品。主题MV《逐梦新时代》是南方报业2019

年两会的开门“第一炮”，其背后是20人的制作团队，历时一个月到广州、深圳、珠海、清远等城市深度走访总书记视察广东重要地标，深入各地代表委员工作一线，采集视频素材，精心编曲配乐、剪辑制作。

这一MV全面覆盖广东省21地市和省直主要新媒体平台，在16块全省重要城市地标LED户外屏滚动播放，传播覆盖人群超千万。

另一融媒精品则是，南方+客户端推出的《2019全国两会学习日记》H5，浓墨重彩宣传习近平新时代中国特色社会主义思想。这一产品由南方+客户端与“学习强国”广东学习平台联合推出，紧跟习近平总书记到团组的脚步，抓住重点、紧跟热点、梳理特点，以文、图、音、交互等融媒体形式呈现总书记最新讲话内涵。该产品辅以精美微海报，形成朋友圈“刷屏”效应，总点击量超过20万次。

加强新闻产品创意赋能，一批兼容“技术＋美学＋灵感”的融媒体精品不断涌现。文艺范的“飞花令”跟全国两会大时政报道，也能擦出创意火花。3月12日，南方日报、南方+客户端推出时政文艺类短视频《两会飞花令》，以“春”为题，5位“80后”在粤全国人大代表借串联“飞花令”讲述两会感悟，将传统艺术与时政新闻巧妙结合，展现青年代表积极形象、传递两会“好声音”。

3月7日，南方+客户端推出一个3D动画、一集《典读广东》，大力宣传广东深入学习贯彻习近平总书记对广东重要讲话和重要指示批示精神的生动实践。其中，时长60秒的3D动画制作精良、画面精美、节奏明快，背后是包括脚本撰写、平面设计、动画制作等岗位8人团队的专职创作。

全国两会期间，南方+客户端联合南方日报、报网端音视频部重点推出“七个一”融媒精品：一本学习日记、一条音乐短片、一个3D动画、一集《典读广东》、一次飞花令、一部微纪录片、一档脱口秀，融合成果显著。这些报道主旋律高昂、正能量充沛，总点击量超过5000万，生动展示广东大地的新气象新作为。

四、广东两会：平台与内容双核驱动，打破壁垒合而为一

围绕中心，服务大局。全国两会传播竞技场的硕果，也得益于省内时政大事的练兵。

2019年1月，广东进入“两会时间”，南方+客户端充分发挥媒体融合平台优势，全面集纳整合南方报业传媒集团优质采编资源，不断创新主旋律宣传形式，推出了一批包括长图、直播、视频、小游戏、H5等形式在内的融媒体精品，唱响广东好声音，增强南方传播力。

在分析作为媒介融合之核心的互联网“用户”的新变化时，有学者将“视频化”排在了首位，认为多屏时代视频将是最重要的内容形式。短视频凭借着直接的视觉听觉冲击力，满足了互联网用户好玩、易得的信息消费诉求。

两会期间，报网端音视频部联合南方网、南方+客户端生产制作“1分钟现场短视频”，有超过60名代表委员以个人形式受

访形式出镜。会议期间各重点环节均推出1分钟左右的短视频，如《南方视频|1分钟，听听省政协委员在委员通道上都说了些什么》等，糅合会议现场画面、代表委员发言、新闻媒体报道等内容。

视频类产品还采用10秒视频微海报形式，每天选取一个主题，如《关注民营企业发展》《关注高质量发展》《关注儿童医疗》等，邀请12名代表委员接受采访，内容短小而精炼，形式易于传播。

融媒体产品板块，南方+客户端推出《H5|2019广东怎么干？省长给你“话”重点！》，该产品采用优质的手绘画风，将省长作《政府工作报告》的音频与报告关键词融入产品之中，体现了新媒体的创新手段，直观展现广东发展风采。

围绕《广东省2018年预算执行情况和2019年预算草案的报告》，南方+客户端推出《H5|1573737000000！账单来了，原来广东为我花了这么多钱》，用支付宝账单模式，创新呈现预算报告亮点。这一产品形式在全国两会期间也被央媒运用在预算报告产品上。

在代表委员风采呈现上，南方+客户端、音视频部联合策划推出《南方搜索——民情民意我来速递！》系列H5短视频，打通普通市民和代表委员的沟通渠道，以你问我答的方式，让双方通过网络直接对话，内容简洁，形式好看，传播度高。

值得强调的是，南方+客户端别出心裁地把长图二维码印上了省《政府工作报告》，开广东省先河，各地市《政府工作报告》纷纷仿效，把南方+长图、动画、解读等稿件的二维码都印上报告。这一简单举动契合了当代人握着手机“见到二维码就

《2019广东怎么干？省长给你“话”重点！》

忍不住扫一下”的心态，也成为了用户了解时事消息的“快速通道”，让《政府工作报告》更深入人心。

2019广东省两会报道也是南方日报社内的南方+编委会和报网端音视频部成立以来首次重大政治报道“大练兵”，有益探索体现集团平台深度融合战略的正确方向，也给下一步的发展实践提供了新的思路。

接下来，南方+客户端将继续发挥报网端融合的优势，进一步强化移动优先的内容生产，利用技术赋能提升新媒体产品的传播力，并通过南方号、南方拍客等渠道推动开放生产，为打造成具有强大影响力、竞争力的新型主流媒体而努力拼搏。

（作者张西陆系南方+客户端内容运营中心副总监，梁文悦系南方日报机动记者部突发新闻工作室副主任）

音频提升多元体验，传统内容这样被“盘活”

□李啸啸

近年来，移动互联网技术发展愈发快速，新闻资讯服务形态也在不断优化。作为广东权威移动发布平台、南方报业传媒集团新媒体拳头产品，南方+客户端在坚持提供权威、优质内容的同时，亦在不断探索多媒体手段与传统强内容的融合发展。

音频化，便是其中一项。

《宁听》：试水声音 带动情感共鸣

事实上，从技术发展历程来看，音频类产品的势头在视频类产品崛起后曾一度势弱——对应的，从广播到电视便是一个例子——但音频产品在各大新闻类APP上逐渐走强，自然有它的优势：尤其对于传统报业而言，相较于以往的图文表现形式，音频让用户获取信息更轻松了，没有影像等元素支撑，也比视频类产品更多了一层想象的空间。还有一个更为现实的原因，那就是音频类产品，制作成本比视频、动画、H5等新型多媒体形态更低。

南方+客户端的首个音频化产品是《宁听》，一档在2016年推出的每周末晚间22点的热点解读栏目。栏目选取当周热点话题，通过“你可能没想到”的角度进行观点性阐述。

《南方+早班车》

这样的“感悟”适合在闲暇的夜晚聆听，于是我们邀请了集团内以声线温暖著称的一位女主播来和用户分享，通过声音寻求用户情感共鸣。

这是南方+在音频化道路上的首度试水，收获了大量粉丝，每期推送都能引起广泛讨论。

《南方+早班车》：AI播报“盘活”传统内容

经过《宁听》的摸索，我们了解到音频类产品的优势，于是开始往自有强项栏目上做更深入的结合，同年推出了《南方+早班车》。

我们相信，不论产品形态如何转变，用户对权威资讯的需求不会消失。这也是《南方+早班车》存在的意义：那些一觉醒来可能遗漏的重要信息，我们在上班早高峰推送，供用户接下来的工作、生活参考，甚至增加一点谈资也是好的。

这就确定了《南方+早班车》的使用场景：早起上班的路途中，或是坐着公交、地铁，或是开着车，每天早上7点，打开南方+听一听早新闻，身边大小事了然于心。

《南方+早班车》的音频辅助也曾希望通过真人播报来实现，但这档产品属于日更内容，制作周期短、信息量庞大，每期都由真人播报，对于南方+而言，成本过高。

于是，我们把目标瞄向了人工智能。事实证明，AI虚拟主播的加入，让栏目“活”了起来，用户体验更多元，冠名商也随之而来。

《南方+早班车》采用人工选稿+机器播报的生产模式。每天0点前，晚班编辑在内容池筛选出需要呈现的资讯，然后进行两个版本的文本优化。早上7点前，早班编辑再次进行查漏补缺，由此才能真正做到在上班早高峰弹窗推送时，不误报、不遗漏任何有价值的信息。

之所以有两个版本的文本，是因为要适应不同的用户场景，该栏目仍然保留了图文部分，这样一来，那些不方便听音频的朋友，也能轻松获取信息；而音频播报还需要一个更为口语化、前后文有串词连接的文字脚本。选定信息、制作图文，再转化为口播脚本后，才能一键转化为音频。

毕竟，《南方+早班车》虽然每天呈现的是数十条不超过200字的信息集纳，但栏目编辑面对的，是海量信息，哪怕选定了题材，摆在编辑面前的，大多数时候也至少是一篇不少于800字的详文。这要求编辑具有良好的新闻敏感性和文字功底——在文章里一眼挑出用户最关心的干货。

而文本一键转化为语音，前后不超过5分钟。这对于栏目编辑而言，大概就是AI主播最直观的功劳了吧。

传统内容“活”起来背后：报网端深度融合

尽管AI为栏目增色不少，但我们始终在提醒栏目编辑的一点是：《南方+早班车》本质上还是一档以内容取胜的栏目。AI主播生动播报的背后，是报、网、端深度融合。

由于南方+的地方属性，目标用户对于广东本地资讯的需求更多，而这，正好是南方报业的优势。集团内南方日报、南方都市报、21世纪经济报道等不同报纸有不同属性，恰好能覆盖广东本地几乎全部的权威资讯，不论是政经类，还是社会民生、文体艺术等，一应俱全。而集团大力推行的“采编一体化”制度，打破了集团内各报社之间的界限，记者们早已习惯将报题、稿件发送到“南方报业集团报道指挥系统”，与报、网、端编辑及时沟通、供即时选用。

于是，《南方+早班车》也就可以相对更便捷地得到记者发回的一手信息。这些内容超过七成集中在省、市层面。

为了有更好的落地性，拥有全省超过6000家政务新媒体入驻的南方+南方号平台也纳入《南方+早班车》选稿范围，区、县一级的鲜活报道亦不“漏网”。

这之中还涉及南方+不同内容小组之间的分工协作。南方号内容运营小组晚间制作的《南方号今选》，即南方号每日精选内容，也经过数次改版，逐步实现与《南方+早班车》内容共享。

简单来看，每期《南方+早班车》的制作，似乎只由1—2位编辑完成，但这个栏目的背后，汇集了集团多个单位与部门的劳动成果，称得上真正意义上的深度融合。

《南方+早班车》的初步成功，也成为南方+客户端品牌传播的一个契机。这样一档带有南方报业强烈属性的栏目，在包装上也值得下一番功夫。经过不断摸索优化，最终形成了目前这套辨识度颇高的栏目UI，更加突出南方+属性和音频元素。

尽管用户和广告商都在逐渐认可《南方+早班车》，但在我们自己心中，《南方+早班车》还只是取得初步成功，就栏目本身而言，还有优化的空间。比如音频方面，目前的AI播报还存

《60秒快评广东经济》

在不够智能，不够流畅的情况，我们也在积极与相关科技企业寻求更深入的合作，以提供更优质的用户体验。

全媒体时代：打造“网红”记者，传播广东好声音

事实上，南方+对音频元素的探索与融合远不止于此。与相关科技公司寻求合作是一方面，技术飞速发展的全媒体时

文艺宣教类栏目《听享》

代，也给广大新闻从业人员提出更高要求：在传统的采、写、编外，我们同时还需要那些擅长主持、导演、拍摄的新媒体人才。

集团近年来致力于打造“网红”记者，传播广东好声音，而南方+则成为了这些“好声音”广泛传播的首要平台。一批优质新媒体产品随着南方+的成长而诞生，其中就不乏音频类产品。

如2019年推出的经济类短评栏目《60秒快评广东经济》，就由南方日报记者担任主播进行播报；而文艺宣教类栏目《听享》，从撰文到播报到剪辑制作，更是由《南方》杂志编辑一人全包……

与此同时，南方+也在着手打造更多精品音频栏目，如众论类的《叮咚快评•大家谈》，民俗类访谈《饶老师话民俗》，已列入重点发展对象。

短小精悍的音频栏目，是“网红”记者、编辑们深厚专业功底和个人积累的体现。精品栏目的存在，虽然对从业者个人要求更高了，但转念一想，这样的工作，不是更有趣吗？

（作者系南方+内容运营中心高级主管）

党端十九大报道如何突出核心意识，做出南方特色

□张西陆　罗彦军　曾妮

党的十九大是一场举世瞩目的盛会，也是媒体融合的大考，地方媒体如何围绕主题做出特色？南方报业旗下的南方日报、南方杂志、南方网、南方+客户端发挥报刊网端联动优势，紧紧围绕十九大报告和习近平总书记重要讲话精神，以原创优质内容为基石，以用户思维为引领，扩展新技术、新平台、新渠道的运用，先后推出《H5|回访习大大南粤足迹，快来为广东这五年点赞》《新荔枝颂》神曲、《新四大发明》系列短视频及神曲、“我是十九大代表”视频H5、《H5|新时代复兴号出发了，快上车！》等多个新媒体优质产品，全网点击量超5000万，为十九大胜利召开营造良好舆论氛围。

一、突出核心意识，做出南方特色

南方+突出核心意识，积极主动做好十九大报道，从报道选题、版面安排、专题集纳、报道推送等方面做出南方特色。为了在传播方式上贴近群众，让主流思想舆论抓人、感人、动人，报刊网端积极探索融媒体报道，在创新表达上下大力气，极大地提升了报道的传播力、影响力。

经过一个多月的筹备，2017年10月9日，献礼十九大H5新

媒体产品《回访习大大南粤足迹，快来为广东这五年点赞》在南方+客户端重磅首发。产品以短视频搭配立体动画、动态图表，生动展现了习总书记的南粤足迹及对广东作出的重要批示精神，以五年来当地的变化展示广东的发展成果。产品一经推出，即引发“刷屏”效应，社会反响强烈。截至2017年10月27日，该产品已累计超800万人次点击观看，得到超百万次点赞。

十九大期间，南方+集中优势版面，浓墨重彩地报道十九大，对开幕式、闭幕式等重要节点进行直播，首页轮播图及前十条稿件均为十九大重大新闻。“聚焦党的十九大”专题入口以大图稿件的形式突出展示，分设“焦点新闻”“广东行动”“代表风采”“特别策划”“十九大时光”“媒体观察”以及“报告解读”七大板块，对报刊网端的十九大报道进行集纳。其间，专题迅速更新发布十九大相关新闻，重大程序性报道基本做到与央媒同步发稿，同时准确全面反映广东团热议报告情况。截至2017年10月27日，十九大专题总阅读量已突破500万人次。

二、突出重点亮点，着力宣传“新时代、新思想、新征程”

十九大报告进一步指明了党和国家事业的前进方向，是我们党团结带领全国各族人民在新时代坚持和发展中国特色社会主义的政治宣言和行动纲领。南方+客户端紧紧围绕“新时代、新思想、新征程”，通过创新手段，使十九大精神深入千家万户，深入南粤大地。

2017年10月23日，南方+客户端推出H5产品《新时代复兴号出发了，快上车！》，以3D动画嵌入H5的新颖形式，邀请用户搭乘从中国特色社会主义新时代出发的“复兴号”列车。H5以“复兴号”车窗为载体，以语言播报为背景，摘选十九大报告亮点，为用户梳理“新时代、新思想、新征程”的逻辑。用户以第一视角观看、收听内容，可直观、简洁地了解十九大报告的重点内容。该产品推出后，引发新一轮的热烈关注及转发学习热潮。截至2017年10月27日，已累计实现380万阅读量，收获80万点赞。

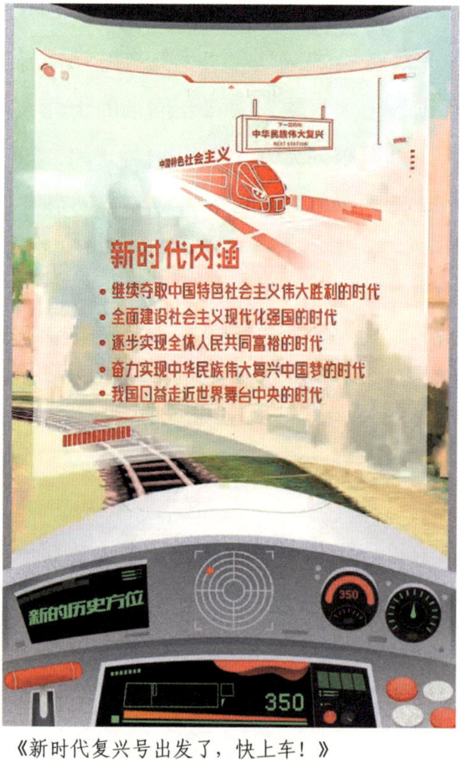

《新时代复兴号出发了，快上车！》

除了原创内容外，南方+客户端的南方号平台也充分发挥“权威新媒体发布平台”的集聚功能，全面展示广东各地各部门学习热议十九大报告的举措，点击量超500万。为了充分报道十九大，南方+还开辟了自营南方号“聚焦十九大”和“十九大代表风采”，累计发稿超百条，点击量累计超1000万。

微博、微信作为活跃的社交平台，也是南方+客户端放大主流舆论声音的有效渠道。2017年10月15日至24日，南方日报官方微信、微博新媒体平台一直保持十九大新闻的热度，共发布十九大有关稿件51条，及时、准确发布大会重要新闻和议程，及时报道广东团的动态。其中微博共发布十九大相关稿件29条，阅读数超过300万；微信22条，阅读数超400万。

三、聚焦一线代表，创新唱响广东好声音

党的根基在基层。十九大开幕以来，基层党代表成了聚焦的重心。在本次十九大传播中，南方报业的报刊网端全面融合，提前精心策划推出“我是十九大代表”“党代表说”等多部聚焦基层代表系列微视频、微访谈，以鲜活生动贴近的形式，重点介绍来自广东的生产和工作第一线党员代表的先进模范事迹，以学习和弘扬他们的优秀品质和精神风范。

至2017年10月24日，“我是十九大代表”已连续推出5期，颜柏青、林丽珠、杜玉涛、陈小花、费英英五位基层代表先后亮相，其中有孤残儿童保育员、科研工作者、医疗人员、校园辅导员、环卫工人，“我是十九大代表”微视频节目通过写实的镜头，生动呈现代表的人性美、新时代党员的新作为，从他

们身上，受众看到了一个更开放更有活力的广东。

随着十九大开幕，南方报业北京直播间正式启动，“党代表说”访谈节目同期开播，会议期间，9位广东团代表做客演播室，畅谈对十九大报告的所思所想所盼以及下一步的新作为。微访谈视频以90秒为呈现时间，运用紧贴新媒体传播潮流的竖屏H5模式推出，收获良好的舆论传播效应，4期节目累计阅读量过百万。

四、“神曲”创新表达，主旋律也可以Rap起来

主旋律的报道需要创新方式，让“硬说教”变为“软表达”。2017年10月16日，南方+客户端先后推出两首“说唱神曲”动画《RAP一曲新荔枝颂，带你看看新广东》和《在粤歪果

《RAP一曲新荔枝颂，带你看看新广东》

《在粤歪果仁为“新四大发明”唱了一首歌，快来听吧！》

仁为“新四大发明”唱了一首歌，快来听吧！》，全网点击量超千万次。其中，《新荔枝颂》融合了粤剧、说唱、合唱、动画等多种表现形式，由南方+编辑作词、南方“网红”记者出演，道出广东这五年的发展变化；《在粤歪果仁唱“新四大发明”》采用动漫画面加混搭音乐形式，以风趣语言、欢快旋律，生动展现中国创新给世界人民生活带来的新变化。两首“神曲”动画在南方+客户端首发之后，引发强烈反响。南方网、凤凰网、腾讯网、金羊网、大洋网、爱奇艺、搜狐视频等20多家媒体网站相继转发。

值得提及的是，为做好对“新四大发明”的宣传预热，神曲推出之前，2017年10月11日起，南方+客户端还连续四天推出《在粤外国人玩转新四大发明》系列视频作品，共4期。这一系列视频短片由南方+客户端与南方英文网合作完成，邀请在粤外国人体验中国新经济并拍摄视频，通过花式剪辑和趣味字幕组，展现中国在创新领域日新月异的发展。

主旋律的“神曲”为何能唱响网络？关键还是在于从小切口看大成就。在《新荔枝颂》中，一颗小小的荔枝蕴含着广东悠久的传统记忆和丰富的时代内涵。正如歌词所言“大江南北男女老少/人人都爱啖荔枝”，荔枝是广东人夏日必吃的水果，而作为一种闻名遐迩的特产商品，它也体现了广东开放发达的经济贸易。而另一首神曲《新四大发明》中的“高铁”“共享单车”“支付宝”和“网购”无一不与广东人乃至全国人民日常生活贴近，自然显得贴地气。

（作者张西陆系南方+客户端高级编辑，罗彦军时任南方+客户端首席内容官，曾妮时任南方+客户端内容总监）

南方plus抖音号成长启示录：坚持守正创新，让正能量成网红

□谢苗枫　杨小妍　唐嘉欣

2017年底以来，短视频APP抖音以轻松诙谐、炫酷时尚的特点迅速走红，政务、媒体机构纷纷入驻，抢占传播新高地。2018年6月8日，南方+客户端平台正式开始运营抖音账号——“南方plus客户端”（下简称“南方plus”）。该账号零粉丝起步，短短半年时间，便跻身为抖音媒体头部账号。

截至2019年8月6日，南方plus抖音号共发布341条作品，获得超过亿次播放、73万粉丝。从爆款率来看，仅以视频获得点赞数（不包括评论区点赞数）计算，南方plus账号下超过10万赞的作品有22条，其中超过百万赞的超级爆款作品有1条。

正确的价值观、一手的现场素材、专业的制作技巧、灵活的运营手段，促成了南方plus在抖音平台上的脱颖而出，聚集了一批忠实粉丝，同时也为南方+客户端探索短视频内容运营积累了宝贵经验。

一、以细节显大爱，以正能量夺眼球

南方plus抖音号将目标受众锁定为年轻、积极向上、喜欢新鲜事物的人群，制定了清晰的内容策略：

一是以原创为主，贵精不重多。南方plus抖音号发布的每

一个作品都是基于南方+客户端的原创新闻作品，聚焦真人真事，突出新闻性。也正因为“原创”，南方+客户端配备了专业的抖音团队，包括剪辑、组合、配乐等不同分工打磨，对这些作品进行“抖音式”加工，力求在真人真事的基础上，打造出符合传播规律的精品。

二是以正能量报道为主，紧扣时代主题。南方plus抖音号善于通过捕捉瞬间、放大细节来讲故事，让每个瞬间背后有所“嚼头”，培育和践行社会主义核心价值观，紧扣时代主题。这些作品有的是讲好正风反腐广东故事的微视频，有的是群众

《佛山民警夫妻元宵执勤相遇》抖音作品

见义勇为的小故事，有的是各界人士舍小家顾大家、坚守岗位的报道。比如，“佛山民警元宵执勤相遇”的报道，从细节落到实处，既反映了公务员敬业爱业的高贵情操，也体现了平凡人之间的大爱。南方plus抖音号的内容不走低俗路线、不哗众取宠，以正能量吸引眼球，赢得了青年群体的青睐，也打下了产生爆款的基础。

三是以贴近性为主，突出“有趣+有用”。媒体机构抖音号与其他账号的差异在于它的“新闻主业”。尽管与抖音上常

《突发！广州一女司机驾豪车闯红灯撞到十余名行人》

见的耍酷、舞蹈、摆拍等“全民秀”不同，但南方plus抖音号在正能量报道之外，也注重身边有益、有趣、有话题性的“新闻”，追求警示性、知识性和思想性。比如《突发！广州一女司机驾豪车闯红灯撞到十余名行人》，就提出了警示性，获3200万点击量，近百万点赞。这样的作品，既契合抖音受众的需求，也能突出思想性和舆论引导力，让南方plus抖音号成为年轻受众的精神食粮。

二、把握传播新规律，打磨技巧出“爆款”

“守正”是根基，“创新”是源泉。南方plus抖音号甫一诞生就明白，唯有“爆款”才有可能成为党媒吸引年青一代受众，提高传播力、影响力的新渠道、新阵地。因此，南方plus抖音号在制作上精益求精，希望用富有人情味的方式和形态来表达，生产出更多“沾泥土”“带露珠”“冒热气”的短视频，让媒体抖音号的风格更加吸引人、打动人，内容也更加传得开、传得远。

为此，南方plus抖音号有专门的运营力量，每天固定运营2—3条短视频产品，把握抖音传播新规律，在制作技巧上精益求精。

（一）突出重点，能短则短

抖音的视频越短越好，能少一秒绝不多一秒，所以更强调分秒必争。南方plus发布的视频长度一般控制在10—15秒，目前严禁超过30秒。正因为抖音短视频内容的时长须严格控制，保证重点突出，编辑须时刻注意取舍。也正因为这样，南方plus抖音号制作团队同样重视策划，当班编辑常常吃饭时也在思考抖音制作事宜，想到好点子就立刻组织开拍或编辑素材。

（二）巧用抖音梗，注重互动

与其他短视频APP不同，抖音社区的氛围重时尚感、节奏感，巧用配乐的作品更能吸引关注。因此，南方plus抖音号重视利用抖音上流行的音乐和特效进行拍摄和剪辑，对抖音梗的使用也较为得心应手。同时，号内发布的一些内容也颇具开放性和娱乐性，让网友乐于参与。比如，开发或参与一些线上挑战项目，2018年9月1日开学季策划的“开学行李箱”，就吸引了众多人评论，而编辑组与网友频繁互动、亲切交流，利于形象接地气。

（三）强调情景，取舍得当

由于每条视频有严格的时间控制，因此对叙事的本领及技巧就有较高的要求。南方plus抖音号的叙事方式一般遵循“平铺或悬疑（开头）—爆发或答疑（高潮）—余味或结果（结尾）”的章法，力求在原汁原味的故事叙述中，有嚼头、有回味、有期待。比如，收获了百万级点赞的《佛山民警夫妻元宵执勤相遇》的作品，编辑在制作抖音小视频时就把高潮定格在丈夫给妻子递水的那一刹那，以单一动作配合抖音流行配乐反复循环，突出了“有爱”“有家”的平凡一面，而结尾的远去的执勤队伍，则突出了人民警察节日坚守岗位守护“大家”的“大爱”。

（四）突出主体，追求简洁

抖音号要传播得好，就得贴合抖音这个平台的移动化、生活化、视频化传播特征。因此，在选择画面、文字和配乐的时候要追求“less is more”的简洁定律，能不用字幕的就不用，用了的字幕都必须是信息项，而非减分项。画面必须对准主角，避免拖泥带水。文字说明要设计好关键词，以便机器抓取，争取进入推荐通道。

三、稳定高质量内容，重视青年感受

在抖音平台中，媒体账号品牌的打造有一个天然内容优势，因此，必须牢牢抓住这一优势，一方面，稳定输出高质量的内容；另一方面，要特别重视青年群体的感受，提升用户的黏性和认可度，扩大影响力。

（一）利用客户端资源，从南方号内找“食材”

南方plus抖音号认为，要有一个稳定的高质量内容必须依靠媒体本色讲好故事。除了与其他媒体账号一样，南方plus抖音号有传统媒体的资源外，还有南方+客户端的新媒体资源。南方+客户端目前有6000多家南方号入驻，2019年上半年平台总发稿量超过33万篇，总阅读量达3亿人次。南方plus抖音号可以通过这些南方号联络到更小更细微的社会组织。这对于需要新鲜“食材”的抖音号编辑而言，是最好的资源及保障，能够保证素材的真实可靠和丰富立体。

比如南方plus抖音号发布的《中山“我的生命在你身上延续”》的报道，就是通过传统媒体记者及南方号的联动，展现了心脏移植的手术全程，让受众通过感受一颗心脏重新跳动而珍惜生命的可贵，直接提升了报道效果。该视频的浏览量过千万，收获近50万的点赞。

（二）重视与青年群体的沟通，及时更新操作手册

首先，南方plus抖音号对账号进行人格化设计和运营，并在这样的人格设定下，编辑会在评论区和网友积极互动，使这一账号显得“有血有肉有灵魂”，拉近与受众的距离，为账号塑造了丰满鲜活的品牌形象。

其次，南方plus抖音号重视数据化运营，重视受众的感受，尤其是抖音平台上青年的感受。同时，根据数据分析，来摸清粉丝构成、来由、互动特点以及具体作品的传播效果、优缺点，进而总结经验，更新操作手册。

再次，南方plus抖音号也不断加强与抖音等短视频平台的合作，利用这些平台一方面大力推动政务新媒体发展，扶助正能量内容传播；另一方面也获取平台导入的专属资源，比如共同发起主题活动，吸引更多用户参与，实现有效的良性循环。

（作者谢苗枫时任南方+客户端编委、机动部主任助理，杨小妍时任南方+高级编辑，唐嘉欣系南方+编辑）

新媒体写作的思考与实践

——以南方+客户端《广东印记》微视频系列推文为例

□许晓冰　李珩丹

互联网信息传播时代，越来越多的读者通过新媒体获取信息，影响了新闻传播的格局。在此形势下，传统媒体工作者须向“全媒体工作者”转型，需要掌握新媒体技术、互联网思维，了解用户阅读习惯与需求，采写出“更时尚”、读者更喜闻乐见的作品，实现全媒体传播。本文以南方+客户端《广东印记》微视频系列推文为例，讨论新媒体写作的探索与实践。

一、好标题的“致命吸引力”

“题好一半文。”一个好标题不仅能向读者提示和体现新闻内容，还能以生动优美的形式去吸引读者阅读新闻。

制作标题是一门“画龙点睛”的艺术。新媒体工作者经常会花很多时间在标题上，找出能“抓住人”的点。如何打造一个拥有“致命吸引力”的标题？我们尝试了这几种方法。

（一）“抱大腿”

《广东印记》微视频系列推文中点击量较高的《广东也有“兵马俑”？就在这！中国最南端的守护神简直是自带萌点的表情帝！》，文章的主角是雷州石狗，编辑在查阅资料时发现雷州石狗素有“南方兵马俑”之称。

前方高能请注意！—大波表情包来袭——

《广东也有“兵马俑”？就在这！中国最南端的守护神简直是自带萌点的表情帝！》

一提到兵马俑，大概全世界的读者都能自然而然地想到陕西西安的秦始皇兵马俑。秦始皇兵马俑的高知名度无疑会为文章带来关注，如此“大腿”，遂果断抱之！

编辑在标题开头打出“广东也有”这个点，首先在观感上给用户一种“这是真的吗”的疑问，有疑问就有求解的动力，增加阅读迫切感。

（二）“套歌词”

歌曲的最大优势在于群众传播度高。经典歌曲更是优美动人的旋律和韵味十足的歌词兼具，男女老少多多少少都能哼唱几句。朗朗上口，易懂易记，自然歌名或歌曲中的歌词能“担起”做标题的责任。

在《广东印记》微视频系列推文中，有一篇的主题是肇庆

情字何解？怎落笔都不对！无关风月，你只需要这场“砚遇”

南方+ 2018-08-09 09:00

《广东印记》系列短视频⑧

而端砚最终得以位尊名砚之首

《情字何解？怎落笔都不对！无关风月，你只需要这场“砚遇”》

端砚。全文颇具诗情画意，还有不少古文和典故。如此“文艺风”的文章，标题实在不适合插科打诨，却又得吸引读者，怎么办？这时，歌词或许就能帮上忙。

鉴于端砚与书法的天然联系，编辑决定化用周杰伦的古风歌曲《兰亭序》为标题，将歌词“无关风月，我题序等你回。悬笔一绝，那岸边浪千叠。情字何解？怎落笔都不对……”进行改造，最后呈现为《情字何解？怎落笔都不对！无关风月，你只需要这场“砚遇”》。

（三）“撂挑子”

《这篇文章没有标题，就像你的七夕没有对象》《小编放假了，今天的推送没有标题》《一句话证明你有多懒：我都懒得起标题了》……近来，朋友圈被这些“任性”的标题刷屏了，网络文化的轻松多元，让编辑也“胆大包天”到撂挑子。不过，细细分析，可以发现这些标题看似偷懒，实则也在提示新闻内容。

《都是“园”分！这位超会取名的东莞人，这篇文章想请您打个标题》

在《都是“园”分！这位超会取名的东莞人，这篇文章想请您打个标题》这篇推文中，编辑就抓住了东莞可园主人为园林建筑起了有趣名字的点，提出“这篇文章想请您打个标题”，等于加了一把火，更加突出了其“超会取名”。

二、旧内容的“素人大改造”

有了好标题，接下来就是好内容。

和时事新闻不同，《广东印记》微视频展现的是广东的文化传承发展、地理物产、风俗民情，介绍的“广彩”“香云纱”“牙雕”“广式月饼”等并不是“新内容”，读者们过去或多或少都有了解。如何重燃读者们的兴趣火苗？那就必须对内容进行“素人大改造”了。

（一）找出新的闪光点

以月饼为主题的文章可以说是数不胜数，每年中秋节前各地媒体都会进行大篇幅的报道，更别说红遍海内外的广式莲蓉月饼。这篇主题推文要写出新意，真是让编辑一个头两个大。

在深度理解现有材料和在网络上搜罗大量资料后，编辑发现了一个以往推文并未提及的亮点：月饼馅料莲蓉是因为一场瞌睡而意外面世的。“天赐的”新亮点当然要好好运用。编辑即在文章中较大篇幅描写这一场景：

“据传，有一天陈维清在煮莲子糖水的时候，实在困到怀

《广东人有多爱吃？有人连打瞌睡都在发明食物！还让你年年为它花钱！》

疑人生，于是呼吸渐渐平缓，脑袋开始钓鱼，最终打起了瞌睡。这个场景小南异常熟悉，这不就是上课时的我嘛！唯一不同的是，陈维清没有等到下课铃响，等他自然醒的时候发现：糟糕！这把真糊了！莲子糖水煮干了！

看着煮绵的莲子，他只能懊丧地准备倒掉重来。随手用勺子搅拌了几下锅底，他突发奇想：这糊状的东西会是什么味道呢？就是这个瞬间，莲蓉馅pick中了陈维清！”

编辑在爆红电视剧《延禧攻略》中意外发现牙雕的身影，于是“蹭热”在牙雕推文的开篇引入《延禧攻略》

同时，编辑还将新亮点打进了标题，结合广东人爱吃会吃的特点，最后呈现为《广东人有多爱吃？有人连打瞌睡都在发明食物！还让你年年为它花钱！》

（二）结合时下热点

牙雕这一非物质文化遗产，读者们也是十分熟悉。编辑在搜罗资料时观看了大量的纪录片，发现现有的图文视频材料对牙雕的介绍已经非常完整。

大家都熟知的“旧内容”如何翻出新花样？编辑也是伤透了脑筋，而这次助力的是爆红电视剧《延禧攻略》。在“追剧”的过程中，意外发现牙雕身影。这趟热点不蹭更待何时！编辑在推文的开篇即引入了《延禧攻略》：

这个夏天，最火热的影视剧当属《延禧攻略》。乾隆皇帝和孝贤皇后组成的“帝后CP”从史书上甜到了荧幕前，单身狗如小南每天都被喂得饱饱的。

对于“白月光”富察皇后，乾隆用情极深，逢年过节赏赐不断，全国各地的宝贝也都往皇后宫里搬。眼尖的小南发现，这个宝物或许是来自广东噢！

放眼全国，各类技艺那么出众，乾隆为啥会送牙雕制品给心爱的皇后呢？

蹭热点对撰写新媒体文章而言确是讨巧又轻松的方法，但也需注意，不要蹭负面热点和有争议的热点。同时，热点具有极强时效性，48小时内为“黄金期”。

三、自己“吃透了”才能“说人话”

《广东印记》微视频系列推文的撰写中，编辑得到的资料只有一个视频和一篇视频字幕。艰涩的文字读来使人昏昏欲睡，想要读者看下去，则需“说人话”。事实上，不止《广东印记》，所有的新媒体推文都是如此。

新媒体写作必须善用新媒体语言。可以选择使用网络段子、热词、流行语、方言、颜文字等，能让文章不再“高冷”。

如何把文绉绉的语言转化成普罗大众看得懂的话？首先，编辑必须“吃透”原文，也就是自己先消化一遍；其次，编辑需要“转化”原文，即用自己的行文逻辑和语言将文章组织起来。每一篇文章的语言基调要先确定好，如果是比较轻松的资讯类内容，语言风格可以时髦、俏皮；如果是比较沉重的话题，则应匹配文章氛围，让读者在阅读过程中感受到作者要传达的情感和寓意。

如何培养并运用不同的语言风格？无疑就是两个字：积累。留心日常的所见所闻，关注当下最流行的社交平台。比如微博的评论区就是一个网罗网络语言的好地方，筛出适合用在文章的新词汇，潜移默化将之变成自己的语言系统。

在撰写《广东印记》微视频系列推文时，编辑适当提取精彩视频片段制作成GIF，使得文章更加生动活泼

除了语言风格，对语句间的安排要得当，除了文章整体要有亮点，小段间也要给读者醒目的惊喜，长句避免，短句优先。

在雷州石狗这篇文章中，以下这一段就能体现新媒体语言转换的惯用手法，在不改变原意的基础上对语言加以润色，用一种讲故事的语气写出石狗来由：

【原文】

雷州半岛位于中国大陆最南端，上古时期，雷州荒芜偏僻，瘴气浓重，瘟疫潮灾不断，据《雷祖志》记载：雷州“旧有瑶、僮、侗、僚与黎”等少数民族聚居。百越部族都有各自的崇拜图腾。

相传，秦汉时期，雷州的“骆越”族中，有一支叫“盘瓠蛮”部落，以渔猎农耕为生，狗是得力的生产工具和伙伴，狗的勇敢无畏及旺盛的生育能力，契合了他们抵御灾害，繁衍生息的美好愿望。于是，这群叫做“盘瓠蛮”的雷州先民，自称为狗的后人，他们用玄武岩来雕刻石狗，作为图腾加以膜拜。

【修改后】

现代生活中被当成萌宠的狗狗是如何升级成崇拜图腾的?

相传上古时期，雷州荒芜偏僻，瘴气浓重，瘟疫潮灾不断，聚居在当地的百越部族都有各自的崇拜图腾。到了秦汉时期，雷州的“骆越”族中，有一支叫“盘瓠蛮”部落，他们以渔猎农耕为生，狗是得力的生产工具和伙伴，长年累月的接触中，他们发现狗狗勇敢无畏的气质和旺盛的生育能力，恰好契合他们抵御灾害，繁衍生息的美好愿望。于是乎，这群叫做“盘瓠蛮”的雷州先民，便自称是狗的后人，他们用玄武岩来雕刻石狗，作为图腾加以膜拜。之后，雷州崇拜逐渐成为雷州族群普遍的文化认同。

修改完的版本先在原文提炼出“气质”和“能力”，对应下文的“勇敢无畏的气质”和“旺盛的生育能力”，放在原因之前。读者留给作者的时间不多，这样使快速阅读的用户能迅速捕捉到这两个重点。

新媒体语言有活泼、生动的优点，也有语言不规范等缺点。新媒体工作者在使用的时候需慎重把关，低俗词汇坚决不用。

四、能用的新媒体手段通通安排上

新媒体工作者首先得是个好的读者，才能创造出可读性强的文章。结合自己在看文章的时候喜欢看到什么样的元素，或者是有什么元素的文章更好看而去生成自己的作品。刨除单纯写文字，如果能在原有的素材上增加新媒体元素，往往会有意料之外的惊喜。

（一）图文并茂

在快节奏的当下，读者往往喜欢轻松直接的方式，在最短的时间内掌握想了解的事情的本质，多图少文既便于受众阅读和接收新闻要点，又美化了页面。

由于《广东印记》微视频系列推文有视频资源，在撰写新媒体文章时，编辑适当提取了精彩视频片段制作成GIF动图，使得文章更加生动活泼。

（二）善用表情包

在网络平台中，表情包随处可见，年轻人更是非常擅长制作和运用表情包，朋友间时时有“斗图”的游戏。

《广东印记》微视频系列推文中，编辑们都适时加入当下最红火的表情包。如8月底杭州“发际线男孩”成为网红，9月4日的推文中即刻使用了同系列表情。

雷州石狗的文章更是“贡献”了一大批原创表情包。编辑在观看视频材料时发现这些石狗形态各异，特别是表情非常丰富，把它是“表情帝”这一点打上标题远远不够，如何更直观地体现其程度？编辑是这样处理的：在视频中截图，收集一定数量的图片，再用APP制作表情包，把这一系列的表情包加入文中，氛围活泼且更加契合主题，趣味性更强。

（作者许晓冰、李珩丹系南方+客户端内容运营中心编辑）

拥抱未来：南方+直播广东平台5G应用探索

□张哲　宋杰

2019年被称为5G商用元年，广东5G网络建设走在全国前列，随着基站铺设提速，网络覆盖加速完善，各类5G应用不断涌现，其在媒体行业的应用也受到关注。南方+客户端直播广东平台定位于通过移动端直播实现360度记录广东经济、社会发展最新现场，也在过去一年积极探索基于新一代移动通信网络技术的视频直播生产。在世界超高清视频产业大会、世界电信日和广州国际灯光节等重大活动报道中，南方+多次尝试使用5G网络进行移动端视频直播报道，探索推动直播广东平台从第四代移动通信技术（4G）向第五代移动通信技术（5G）逐步升级。

一、基于5G网络建设移动端视频直播平台的技术基础已经成为现实

传统广播电视领域户外直播内容传输多依赖于卫星信号传播、微波信号传输等专业保障设备，而4G移动通信网络完善成熟、智能手机和云导播系统应用的发展，提供了相对低成本的移动端直播解决方案。近年来，国内媒体行业积极开展基于4G网络的移动端新闻视频直播报道，尤其是户外新闻直播大行其

2019年5月9日，南方日报、南方+直播团队对世界超高清视频产业大会进行4K拍摄直播报道

道，吸引了众多观众，成为传统媒体转型发展中新兴的主要报道形态之一。南方+客户端重点打造的直播广东平台也基于4G网络。在平台上线的2016年，完成400场直播报道。随后直播内容产量稳步增长，2019年1月—11月已完成直播1680余场。至2019年11月，南方+客户端直播广东平台共完成直播4500多场，其中视频直播超过2700场，大多数视频直播内容的生产基于4G网络实现。

在基于4G移动通信网络进行的视频直播报道中，网络信号传输数据的质量决定了视频直播是否可以进行，是影响直播内容的音视频质量、延时限制等关键因素的基础条件。4G移动网络通信技术传输数据的速度可以高达100M/秒。而在移动端视频直播中，速度达到5M/秒的上行带宽即可满足音视频数据回传到云导播平台的需要，从理论上来说4G网络完全可以满足移动端高清视频直播的需要。但在实际操作中，很多情况下4G网络数据传输质量远远达不到理论值。即便在4G网络信号质量相对较好的环境中，当记者在移动状态中进行视频直播时，必然涉及到更换4G基站，而基站分布和不同基站覆盖的区域的网络信号强度存在一定差异，很难预测接下来的网络信号状况，复杂的信号环境使现场视频直播充满不确定性。总体来说，使用4G网络进行移动端视频直播理论上可行，但实际效果要打折扣。

在南方+直播广东平台的长期生产实践中，我们也发现，由于用户多、基站分布不均等问题，4G网络信号质量并不完全可靠，基于单路4G网络信号传输的视频直播报道在一些环境下受网络信号质量的限制无法进行，需要依靠多路4G信号聚合传输技术进行直播音视频数据的传输。此外，随着媒体移动端视频直播报道产量的大幅度增加，观众对直播的音视频质量要求越来越提高，对视频清晰度要求由标清提高到高清，甚至是超清，而视频精度的提升也意味着传输数据大大增加，对网络信号质量的要求更高。因此，多路4G信号聚合传输设备成为当下移动端视频直播中被广泛认可的直播数据传输保障方案。但聚合传输技术需要较为昂贵的设备支持，导致视频直播生产成本增加。而国内许多媒体机构正处于转型发展阶段，出于控制成本的考虑，只能采购少量设备，限制了移动端视频直播内容生产的普及和生产效率的提高。因此，移动视频直播领域仍然存在寻求低成本解决数据传输方案的需求。与4G网络相比，5G网络信号传输速度大大提升。5G网络的峰值理论传输速度可达1G/秒，是4G网络的理论峰值传输速度的10倍。基于5G网络的移动端视频直播，有可能将成为解决移动端视频直播数据传输痛点的新途径。

从应用的技术基础看，5G应用已经从概念成为现实。自全国首个5G基站在广东开通以来，广东5G网络建设一直走在全国前列。据广东省通信管理局统计数据显示，广东2019年计划建设5G基站3.48万个，截至10月已建成开通5G基站25462个。随着5G网络覆盖逐渐完善，相关应用已在多个行业开展。例如，交通应用方面，2019年5月广州首批5G信号覆盖公交车试运行；深圳地铁11号线试行5G信号车地无线通信。医疗应用方面，2019年4月，广东省第二人民医院采用5G信号进行的远程手术，把4K

2019年5月17日，南方日报、南方+直播团队进行全流程5G直播报道

级超高清视频从广州实时传送到200公里外的清远市阳山县人民医院，整个手术直播过程音视频流畅、画面高清稳定、无明显卡顿和时延，实际测算平均时延低于40毫秒。珠海、澳门两地也在2019年5月同步进行4台远程手术，采用5G信号传输超高清视频；广东江门在2019年5月完成首例5G远程手术，成功使用5G信号传输超高清视频。实际应用已经验证，在保证5G网络信号可以覆盖的前提下，采用5G信号可以实现更高精度视频、更大数据的稳定传输，5G技术有助于提升移动端视频直播的质量。

从区域发展来看，广东部分城市已经初步具备覆盖主要城区的5G网络。在广东的5G基站建设中，广州和深圳处于领先地位。截至2019年10月，广州已建成开通5G基站12041个，深圳建成开通11306个，广东自贸实验区深圳前海片区已经是全国首个5G全覆盖自贸片区。2019年12月初，南方+记者曾使用华为5G手机在广州市天河区、越秀区、海珠区、荔湾区等多个区的11个不同使用场景，对移动、电信、联通等三大运营商的5G网络信号质量进行了实地测试。在具有有效5G信号覆盖的室外区域，上传数据的速度介于14.6M/秒—28.2M/秒之间，下载数据的速度介于43.9M/秒—288M/秒之间，其数据传输带宽表现要远远优于4G网络。因此，在这两座城市，具备了通过5G网络进行移动端直播生产的条件。

二、南方+直播广东平台基于5G技术进行视频直播生产实践

作为覆盖全广东的直播平台，南方+客户端积极进行基于5G网络的视频直播生产尝试。2019年5月，南方+直播广东平台在世界超高清视频产业大会直播中成功进行“4K超高清视频拍摄+5G信号传输”和“6镜头VR视频拍摄+5G信号传输”的视频直播；同月，南方+直播广东平台在世界电信日纪念大会和南方+5G频道上线活动中使用“5G手机拍摄+5G信号传输”的全流程5G移动网络视频直播。而在2019年11月对广州国际灯光节开幕当晚的视频直播报道中，直播团队使用了4G+5G信号聚合传输、录播同步等技术，首次实现使用移动通信网络对高人群密集度重大活动的顺利直播， 5G网络在音视频数据传输中更是起到了关键作用。

（一）使用5G信号直播世界超高清视频产业大会

世界超高清视频产业大会（4K大会）是国内超高清视频行业的顶级展会，展示国内外最先进的超高清视频技术应用和产品，也是广东省重点产业推进举措。为确保移动端视频直播符合展会定位，在此次活动的直播中，直播广东平台首次采用了4K+VR+5G直播技术。包括，在主会场活动直播环节，采用多机位、长远距的4K摄像机拍摄，采集高质量视频信号；使用业界最新的超高清视频编解码器实现视频的实时编解码，便于通过移动网络进行传输。在展台参观环节使用6镜头VR拍摄设备采集视频数据，拟合之后实时生成全景视频在前端播放，提供沉浸

2019年12月18日，南方日报、南方+和南方都市报直播团队联合直播广州国际灯光节

式的VR实时直播观看体验。上述两种不同的拍摄技术实时产生的视频数据量远超常规高清视频，VR拍摄设备采集视频数据量甚至高于4K拍摄视频的数据量，传统4G网络直播难以进行稳定的实时传输，因此通过运营商在大会现场布设5G基站进行音视频的实时传输。

在直播前一天，技术团队在展会现场进行了拍摄和实时传输的测试，以确保直播效果稳定。在实际执行中，通过5G网络传输背包、高度集成化的超高清融合媒体演播室等行业最先进的技术手段，实现包括5G网络下4K级拍摄视频和6镜头VR拍摄视频的实时回传，场外连线接收多路5G回传视频信号进行节目制作，在演播室使用5G网络传输音视频信号至超高清融媒体服务器，采用50P帧率超高清画面、高动态范围图像（HDR）等技术手段，大幅提升直播视频的实际观看感受。同时，为防止意外情况发生，此次直播也设计了传统4G网络+宽带网线传播的备用方案。直播全程视频传输质量稳定，备用方案未启用。此次基于5G网络信号传输的直播也验证了视频直播应用中5G网络相比4G网络具有的传输带宽高、网络抖动小、低延迟等优势。在手机端的实际观看精度也超过了南方+直播广东平台此前所做直播的视频精度，为用户带来了耳目一新的体验。

（二）在世界电信日报道中试水全流程5G手机直播

在世界电信日纪念大会和南方+5G频道上线活动直播中，南方+直播广东平台首次尝试全流程5G直播，即使用5G手机拍摄和通过5G网络信号传输音视频数据。不同于上述采用4K级摄像机或VR摄像机拍摄和通过5G网络信号传输的形式，5G手机拍摄效果如何、直播软件是否能够稳定使用、使用5G手机直接传输5G信号是否稳定，此前均未找到相关实际应用案例。要实现5G全流程直播，需要确保直播现场的5G信号覆盖和5G信号传输质量，排除直播软件在5G手机上的兼容稳定性等问题。为保证直播顺利进行，直播团队多次前往活动举办地中国电信广东总部大楼，现场沟通协调直播必需的网络环境和技术支持，多次测试和排查手机使用、软件使用、5G信号传输可能遇到的问题和风险，并协调相关单位解决，以保障直播顺利进行。此次直播，全程5G网络信号稳定，视频质量高，手机拍摄机位、摄像机拍摄机位、特写机位三机位切换流畅，未出现掉线情况，为日后5G手机直播的应用探索了经验。

（三）依靠5G网络解决广州灯光节高密度人群环境下视频直播的数据传输

2019年11月18日，广州国际灯光节正式开幕。在开幕当晚，南方日报、南方+联合南方都市报，在直播广东平台做了多地连线现场视频直播。在此次直播中，使用了4G+5G聚合传输、录播同步等技术，实现了人群密集重大活动的顺利直播。其中，5G网络信号传输技术起到了关键作用。与上述两个案例中使用通信运营商临时提供的5G基站提供网络信号不同，这也是南方+直播广东平台首次使用已建成并商用的5G网络进行移动端视频直播报道。

基于4G网络环境下的移动端直播，在网络基站和网络干线日趋饱和的情况下，单路4G信号难以确保直播音视频的稳定传输，多路4G信号聚合传输成为主流方案，解决了移动端视频直播大部分场景下的数据传输质量问题。但在一些大型活动中，大量人群聚集，仍然会导致移动网络通信基站异常拥挤。极端情况下，正常的手机通话和短信发送也难以保障，多路4G信号聚合传输设备也常常失灵。特别是在此类场景中的移动机位拍摄视频直播，拍摄机位移动过程中会切换基站，在基站切换过程中，也容易导致信号丢失、质量降低，甚至数据传输彻底中断，影响直播的进行。在这种情况下，一个负载量小、用户数量少的移动网络线路就成了解决直播音视频信号传输的必备方案，目前状态的5G网络，就是这条人迹罕至的通路。

在这一届广州灯光节之前，南方+客户端已连续两年对该活动进行现场视频直播报道。实践证明，在这种高密度人群聚集

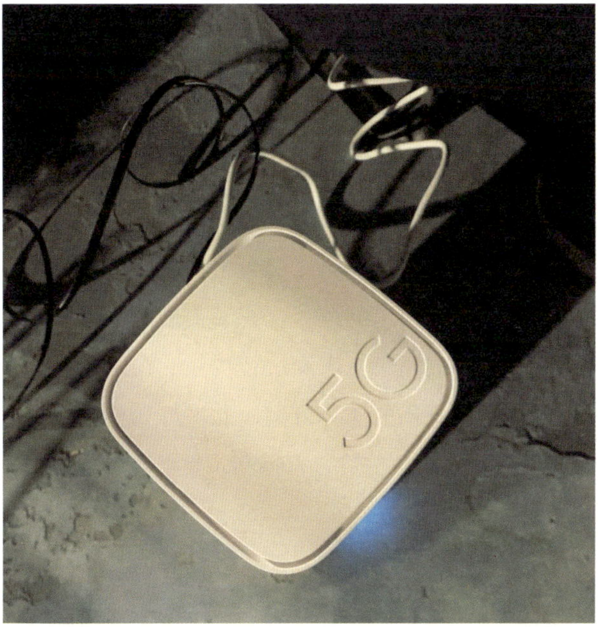

2019年12月18日，南方日报、南方+和南方都市报直播团队联合直播广州国际灯光节中使用的5G信号处理设备

的环境中，周边通信基站的负荷严重超载，常规4G网络根本无法保证直播的顺利进行，即便使用多路信号聚合设备，也无法避免严重卡顿和音视频传输中断。而在2019年11月，广州5G网络覆盖加速情况下，提供了通过5G传输直播信号，进而解决此前面临难题的可能。提前进行的5G信号质量测试显示，灯光节活动现场的5G信号上传数据速率介于23M/秒—43.5M/秒之间；而5G手机和应用设备普及尚处初期，使用5G网络的终端数量少，在直播过程中不会挤占周边基站数据传输通道。上述两个条件提供了理想的移动网络传输条件，适于通过5G网络进行移动端视频直播。

直播团队提出可实现5G直播的三种方案。方案一：直播信号由5G移动路由器直接传回演播厅机房播出；方案二：节目提前录制由5G移动路由器传回机房播出；方案三：由5G手机为4G信号聚合背包提供1路Wi-Fi热点信号，信号由4G和5G网络共同聚合传输。在实践中，方案一多用于固定机位直播，但在人群密度较大情况下，网络信号仍有不稳定的情况出现。方案二多用于对安全性有要求的节目，在5G信号无法保障绝对稳定的情况下，通过5G的高带宽来实现音视频的快速传输。方案三是目前移动端视频直播的选择方案，此次灯光节报道就使用该方案通过4G+5G网络信号传输、直播和录播结合方式，提供双重保障。

在实际执行中，该方案在直播现场的4G网络信号采用可聚合8张4G通信卡（3大通信运营商均涉及）的编解码器进行音视频编码和传输，5G网络信号由5G移动路由器以Wi-Fi热点的方式提供。后方演播室有50M/秒电信专线保障网络传输数据，信号聚合设备服务器接收前方回传数据。根据活动安排和现场人流情况，广州灯光节荔湾会场和广州塔顶的拍摄点先行录制传输，海心沙主会场直接以直播形式进行，花城广场会场的移动中直播采用边录边播。最终播出顺序为广州塔顶机位、海心沙主会场、荔湾分会场、花城广场。

在此次直播中，信号聚合服务器后台监测记录显示，4G网络在直播中陆续出现问题：在直播进行的前期，海心沙主会场拍摄机位和花城广场拍摄机位的一路运营商4G网络直接降为3G网络，传输速率倍低于其他运营商的4G网络；在人流量的最高峰时段，有一家运营商的4G网络降为3G网络，另一家运营商的

4G网络传输效率也较低。在各路运营商的4G网络出现问题时，信号传输的压力逐渐转移到了5G网络上，除荔湾分会场传回的信号在基站切换时画面出现短暂丢帧，其他通过5G网络传输的数据均未出现问题。

广州灯光节直播实践验证了通过5G网络进行直播可以解决此前在4G网络环境下遇到的信号传输保障难题，同等直播环境下的对比也说明5G网络传输优于4G网络传输。但需要说明的是，此次直播仅仅是南方+首次使用已建成并商用的5G网络进行移动端视频直播报道，尚不足以验证基于5G网络进行视频直播一定会优于基于4G网络。

当前，5G网络并没有大规模普及，已经铺设的5G基站多数处于空闲状态，使用5G网络进行直播，相当于专线专供。当5G网络大面积商用后，5G网络视频直播也将面临比4G网络更为复杂的情况。首先，5G网络所使用的频率较高，基站的覆盖范围比4G基站小，在移动状态的视频直播中要频繁切换基站，增加了数据传输的不确定性。其次，单个5G基站信号覆盖范围小，这意味着在部署后信号盲区可能会更多。根据某通信运营商提供的广州市5G分布范围地图，目前在广州使用5G信号进行移动端直播，仍需提前做信号情况实勘。在使用5G实测中发现，在基站铺设密集的区域，5G网络能形成良好的矩阵效应，这些区域里，5G信号较强且流媒体数据丢包率低于3%，能够正常直播；在基站稀疏区域和基站边缘区域，5G信号强度较低，即便有高带宽，但5%—20%的流媒体数据丢包率也会导致直播音视频数据无法完整送达服务器。5G基站的信号衰减和边缘区域也是当下和未来要面对的一个问题，在信号实勘时必须考虑到这个情况。此外，出于成本考虑，运营商会优先在重点城市中部署5G网络，非重点城市或郊外区域暂时难以使用5G网络。与此同时，5G应用最重要的意义在于推动全网物联时代到来，以后会有越来越多的终端设备接入5G网络，未来基站的压力也会高于4G时代。

因此，从短时间来看，在已实现5G网络覆盖的区域内使用5G网络进行移动端视频直播会优于4G网络。但当4G用户大量涌入5G网络后，使用5G网络进行直播的效果到底会怎么样还需要经受实战的考验。

结语

在传统党媒转型发展的探索中，移动端视频直播是近几年不可或缺的内容产品之一。部分媒体机构依托4G网络、智能手机和云导播系统建立视频直播平台，帮助传统媒体从业者向移动端视频内容生产转型，并收获了一定的用户关注。新技术的应用不但降低了视频直播生产的成本，也帮助解决了直播内容生产中遇到的基本问题。例如，通过使用多路4G信号聚合传输技术帮助解决音视频数据传输难题。与此同时，各类新技术的应用也在推动移动端媒体报道形态不断进化，包括VR、AR、4K等视频领域的技术近年被不断应用于视频直播领域。例如，南方+直播广东平台在过去一年就尝试了4K级视频直播、6镜头VR视频直播、双镜头VR视频直播等。在这些实践中，新技术带来了全新的视觉体验，但同时也对直播中的数据传输有了更高的要求，而5G网络带来以较低成本解决该需求的机会。基于此，南方+直播广东平台也将密切关注5G网络和5G直播技术的发展，着力推动平台从4G技术升级到5G技术，以满足未来多种形态视频直播的需求。

（作者张哲系南方+客户端内容运营中心副总监，宋杰系南方+客户端内容运营中心编辑，南方日报记者肖文舸、姚翀、许隽对本文亦有贡献）